つらい思いにさようなら!

会社での居場所のつくり方

「気」で生み出す、
気持ちのいい
職場環境

山下悦史 著

セルバ出版

はじめに

はじめまして、運気行動学者の山下悦史といいます。

人の幸せとは何かについて、本気で考え、長年取り組んでいます。

国語辞書において幸せとは、「運がいいこと。幸福。幸運。めぐり合わせ。運命」などとあります。

悪い運気が巡る悪循環ではなく、いい運気が巡る良循環で、人生を立ち上げて、心と体が自由に解放される人生こそ幸せを感じるには必要なことと確信しています。

幸せを遠ざける心には、3つの気持ちがあります。

その3つとは、「悪、欲、うたがい」です。この3つの気持ちを心に持つと、幸せを遠ざけ、苦しみを引き寄せます。

「悪」の気持ちで行動すると、罪をつぐなう苦しみがやってきます。「欲」

の気持ちは苦しみをつくる元であり、欲をなくせば苦しみは減少します。
「うたがい」の気持ちは障害を発生させ、活動を妨害する苦しみとなります。
心の邪気をなくすと、自然と運気はよい方向へ流れるものです。

幸せとは

古来より東洋では、福禄寿と言われ、
・福（精神面のしあわせ）
・禄（経済面のしあわせ）
・寿（健康面のしあわせ）
この3つを整えることとあります。
幸せな人生を送るためには、この3つの柱を得ることが必要と私も考えています。

しかしながら、人生は様々で、人によって簡単に得られるものもあれば、苦しみばかりでなかなか得られないものもあります。特に世間的に聞かれるのが、金銭（経済面）の苦労や対人問題（精神面）の悩み。または、無理な労働や体調管理不足（健康面）の問題に陥る場合です。

私自身の過去においても、経済的、対人的、健康的にうまく行かない不運なときもあれば、好転して幸運が続くときなど、不思議な運勢の働きを感じることがありました。

村山幸徳氏のもとで気について学ぶ

私は幼少の時、体が弱く高熱で死にかけたことがあります。その頃から死に対する恐怖をいだくようになり、「人によってなぜ運勢が違うのか？」について考えるようになりました。

小中学生の学校帰りには、空を見上げて、不安な気持ちから逃れるために、何かにすがる思いで救いを求める日々を送っていました。

このように、運に流される体験をすることで、運勢をよくするためにはどうすればよいのかを考え始め、ゲン担ぎをしたり、占いを参考にしたりしましたが、手ごたえを感じるものはありませんでした。

高校生の時、私の疑問を解決するようなことが書かれた丹波哲郎氏の本に巡り合いました。丹波哲郎氏の著書で最高の霊能力者として紹介されていたのが神霊能力者の隈本確氏でした。

隈本確氏の著書には、苦しみを解消する内容が掲載してあり、自分を変えることで運勢も変えられるということを知りました。

神霊能力者の隈本確氏の著書を読むにつれて、神霊能力を学ぶために隈本確氏の住む町へ進学し、コンタクトを取りましたが、職員の方から「学生は対象にしていない」との回答があり断念しました。

この学生時代に姓名判断との出会いもあり、名前によって運勢が変わる考え方があることを知りました。

東京在住の24歳の時、本屋で再び神霊能力者隈本確氏の新刊を購入すると職員募集の掲載がありましたので、応募したところ採用となり、能力者職員として神気を活用する知識と技術を学び始めました。

7年ほどお世話になった頃、日課である心身向上の武道修練が負担になってきたことと、一般社会の経験をしたくなり、工事機材運搬など大型トラックを運転する会社に数年勤務しましたが、能力者時代に見た訪問者の喜びの笑顔、涙ながらに感謝される経験が忘れられず、再び、弟子入りを志願し採用していただきました。

復帰後、訪問者を活性化する神気を活用できる技術が高まったため、上級能力者に昇格しましたが、7年半ほどで都合により退社。別の観点から運勢をよくする方法を得るため、姓名学、気学、易学、家相など、気の作用で運勢を変える方法を伝授される村山幸徳師のもとで気についで学び始めました。

そして、村山幸徳師の教えの理解を深めるために、勉強会への参加と過去に開催された勉強会のＤＶＤや社会運勢学会の各種教材などから学びを重ね、さらに源流とされる気学開祖の園田真次郎氏の資料を求めて古書を収集し、日々の研究を通して成果を得た分野の中から、名前の基礎をまとめた著書「本当に知っておきたい名前の持つ運勢と付け方」を出版しました。

この園田真次郎氏の著書に書かれてある正名（整った名前）は、１００年ほど前から研究され信頼を受け継がれているものであり、私の調査でも運勢をよくする傾向にあると認識しています。

しかしながら、名前を整える正名鑑定は運勢をよくする傾向にありますが、明らかに人生を好転させる結果を得るためには、名前をよくするだけでは弱いと感じているところであります。

そこで、私が25年以上かけた学習と体験を踏まえて推奨するものは、気の流れを活用することと自らの気質を向上させることが必須であると言う結論に至り、運気行動学を確立いたしました。

人間関係の海をどう泳ぐか

世の中には人間関係というのがあります。これは私たちが社会で生きている以上、避けては通れないものです。ですが、これが実に厄介でここを間違うと人は無用な苦労をしたり、不必要な、悩みを背負い込み、場合によっては心を病んだり壊したりもします。そう、人間関係の海をどう泳ぐか､どんな泳法を身につけるかで人生が大きく分かれるのです。

ですが、では、人間関係をどうつくっていけばいいのか？ これは誰も教えてはくれませんし、少なくとも学校の授業にそのカリキュラムはありません。

誰かがその役目を担わなければ……。

そう感じた思いが、私に本書を書かせてくれたのかもしれません。

社会には、人間関係のストレスに悩んでいる人がいます。

私も過去に人間関係が心の負担となり、気持ちが落ち込み、大変苦しんだ時期がありました。

人間関係の苦しみ中でも、職場での対人問題は、生活の収入源になる仕事と重なっているため、辞めたくても辞められず、対人と金銭の板挟みで、大変苦しいものです。

人間関係で苦しんでいる人が求めているものは、ただ1つです。

「この苦しみから何とか逃れて、早く楽になりたい!」

このことにつきます。

「国民的辞典」と言われる「国語+百科」辞典の最高峰の『広辞苑』では、

「気」の説明について、次のように記されています。

①天地間を満たし、宇宙を構成する基本と考えられるもの。また、その動き。万物が生ずる根元。

②生命の原動力となる勢い。活力の源。

③心の動き・状態・働きを包括的に表す語。

④はっきりとは見えなくても、その場を包み、その場に漂うと感ぜられるもの。

⑤その物本来の性質を形づくるような要素。特有の香や味。

『広辞苑』の説明をふまえて「気」について解説すると、人間社会を含む大自然は、気によって構成され活動しているということです。

気とは、不可視でありながら大自然に存在し、流動的な作用を起こすものです。

気は、空気、気温、気圧、水蒸気など大自然の状態や働きをつかさどる根源です。

また、大自然の一部である人間をはじめとする生物の生命や意識や心などの状態や働きの根源でもあります。

気は、大自然に存在する物に宿り、それを動かすエネルギー的原理であると同時に、その物を構成し、素材となっている普遍的物質です。

人間に関係する気では、元気とあるように、人体に作用して生命活動や防御機能を支えています。気功とは、自分の体内や体外の気を使って、自己能力を向上させる修練法です。気功は、中国古来の伝統文化が有名であり、健康や武術などの能力の向上に利用されています。

人間関係の苦しみから抜け出せるか

では、人間関係で悩む人は、どうすれば対人の苦しみから抜け出せるのか？　楽になれるのか？

結論から申し上げます。

第一に、人間関係に苦しまない人間になること。

第二に、苦しんだときの逃げ方を知ること。

この2つの方法を持つことです。

人間関係は、人間関係の原理を理解し、この2つの方法を身に付けておくことで、苦しみを楽にできます。

たとえば、そもそも、人間関係で苦しんでいるのはどこなのか？　どの部分なのか？　と言うと、それは、「こころ」、つまり自分の気持ちが苦しんでいるのです。

気持ちの苦しみの原因が人間関係であり、人間関係が気持ちの負担になって、気が弱くなっているから起きるわけです。

これを解消するためには、自分の気持ちが苦しまないように、人間関係を負担にしない気質を持つことと、もう1つが人間関係に対抗できる強い気力を持てるようになることです。

具体的な気の持ち方として、人間関係をうまくやって行こうとする優しい気持ちの人は、相手に嫌われないように、自分を犠牲にして、相手が気分を害さない行動をしてしまうため、苦しんでいる傾向が見られます。

気持ちが自分よりも相手に向いているわけです。

と、言うか、「自分には向かない」と言っていいです。

これは、いつも相手が中心で、その周りで自分が振り回され、苦労している状態です。

人に嫌われることは普通のことである

考えてもみてください。

自分の人生の主人公は、自分です。

自分の気持ちを中心に行動することが、人生を歩む上での基本です。職場で相手が求める行動をする場合でも、自分が持っている実力を出し切った時点で、それで自分にできることは終了なのです。相手が気に入るか、気に入らないかは、相手の問題です。言ってしまえば、もう済んだことです。

もちろん手抜きをしろと言ってはいません。手は抜かず、最大限のことはするけれども、その後は相手の問題だと言っているわけです。

たとえ相手に「気に入らない」と言われても、自分は実力を出し切っているので、これ以上は、できないことと割り切りましょう。できないことにまで踏み込めば、当然、キャパオーバーになり、また心が痛みます。

壊れてしまうのです。

人間社会にはいろんな人がいます。

同じ結果でも、人によって気に入ったり、気に入らなかったりするものです。

みんなから好かれるような親切な人、やさしい人、楽しい人などについても「私は嫌い」という人は、間違いなくいるのです。

どんなに親切にしても、不満を言う人も必ずいます。

いくら相手に嫌われないように頑張っても、嫌われることはあるのです。

好感度の高い芸能人であっても、どんなにいい人であっても人に嫌われることはあります。

このことを考えれば、自分だけ人に嫌われないような人間になることは不可能ということです。

今、私は本を書いていますが、どんなに素晴らしい本でも、ぼろくそに言う人は必ずいますし、どんなに中身のない本でもべた褒めする人もいます。
そう言うことです。
「人に嫌われることは普通のことである」という認識を持つことから始めましょう。
本書では、4章の構成によって人間関係の対策を紹介しています。
第1章では、私と「気」とのかかわりについて……。
第2章では、心が楽になる〝気変わり〟術。
第3章では、気を強くする戦略法。
第4章では、逃げ道を持つ〝気持ちの保険〟対策。

気のネットワークでつながっている

人は気持ちによって、苦しんだり、幸せになったりします。

気持ちとは、心に持っている気のことです。気の状態が弱く沈んでいれば苦しみ、気の力が強く、質が高ければ幸せになれるのです。

気は人間以外にも、世界中の様々な物質や現象など、すべてのものが持つ、目に見えない力として存在しています。時の流れの時空にある、目に見えない気の巡り合わせを運気と言います。

運気が人に影響を与える力を持つのです。

また、全世界の人類は、地下の潜在世界の気のネットワークでつながっているものです。

少し狭い言い方をすれば、全世界の人類は、「愛」でつながっているということです。

「気にする人」の中に、「愛する人」がいるように、「気」の一種に「愛」

があります。

人類同志がつながる愛では、恋人に対する恋愛の愛、親子が持つ家族愛、師匠と弟子の師弟愛などがありますが、認識している意識や認識していない無意識など、その質も深さも人それぞれで異なります。

恋人に対する恋愛の愛だけを見ても、束縛したい愛、自由にさせたい愛、いじめたい愛、守りたい愛、ゆがんだ愛、幸せの愛、欲望の愛、無償の愛など、人によって異なることであり多種多様なものです。

人類は、このように「気」の一種である「愛」のネットワークでつながっているということなのです。

多くの人は、「愛とは何か？」を説明するのは上手にできないと思われますが、「愛とは何か？」を理解し、存在することは知っているものです。

「愛」を含む「気」についても、説明のむずかしさがありつつも、気を感じ取り、存在することは知っているものです。

愛には、恋人を愛する恋愛の愛、親子を愛する家族愛の愛、動物を愛する優しい愛、愛のムチのきびしい愛、物への愛着の愛、自然を愛する生物的な愛など、いろんな愛があり、無意識であっても本能的なつながりがあります。

愛は、人類のみならず、動物も物質も、大自然に存在するものすべてと無意識の潜在意識でもつながっています。

愛を含む気も同様に、大自然に存在するものは全て気が連鎖した潜在意識のネットワークでつながっているのです。

人は心にある気でつながっている

スイスの精神科医・心理学者であり、分析心理学（ユング心理学）を創始したカール・グスタフ・ユングは、「集合的無意識とは心全体の中で、個人的体験に由来するものでなく、したがって個人的に獲得されたものではないという否定の形で、個人的無意識から区別されうる部分のことである。個人的無意識が、一度は意識されながら、忘れられたり抑圧されたりしたために意識から消え去った内容から成り立っているのに対して、集合的無意識の内容は一度も意識されたことがなく、それゆえ決して個人的に獲得されたものではなく、もっぱら遺伝によって存在している」と著書『元型論』の中で伝えています。

ユング心理学では、1つの心を3つの層に分かれていると捉えていて、「意識」「個人的無意識」「集合的無意識」の3層構造になっていると分析しています。

人間は、「意識」している思考の下に、意識していない「個人的無意識」の層があり、さらに深いところに、個人の現実的な人生経験を超えた人類に共通する「心の型（元型）」が存在し、人類同志がつながる「集合的無意識」の層があると解説しているものです。

大自然に存在するものはすべて潜在世界にある気が連鎖したネットワークでつながっています。

動物に好かれる人と嫌われる人がいるように、言葉が通じない動物は、潜在世界の気が合う人を好み、気が合わない人を嫌います。

モノにも気が合う人と気が合わない人がいます。扱う人によって調子よく動いたり、動かなかったりし、自己所有のモノでも手放そうという気を持つと急に壊れたりして、潜在世界の気が合っている人を好み、気が合わなくなると動かなくなります。

そして、人類同志においても、それぞれが持つ独自の気、特に心にある気でつながっています。心の気は意識できる顕在意識と、無意識の潜在意識があります。顕在的な気持ちでは関わりたくない相手とでも潜在的な気の波長が合う相手とは関わってしまうことがあります。

人類を含む大自然に存在するすべてのものは、表面上の物質世界だけではなく、地下空間の非物質世界である潜在世界の気のネットワークでつながっているということです。

時の流れの時空にある運気と地下の潜在世界のネットワークでつながった人々の気質の交流が人間関係です。

世界中に拡散している気の観点から職場環境を見つめると、人間関係の傾向と対策が見えてくるものです。

本書は、人間関係に特化した内容になっていますので、人の人生に影響する健康、経済、対人、環境など、各分野の気の働きや使い方などについて、「運気行動学」をベースに様々な角度から紹介しています。

たとえば、経済の基本はお金です。

お金には、１０００円札と1万円札があります。お札の原価の差はわずかでほぼ同じですが、その価値の差は９０００円と大きく違います。

お金の価値の差は、お札が持つ情報のちがいです。情報は、「気」です。経済の景気は、情報の気によって変動するものであり、人もまた、情報の気によって左右されるものです。

経済では、価値ある情報の気を活用すると、景気はよくなります。

健康、経済、対人などについて気になる方は、「運気行動学 山下悦史」で検索すると巡り合うことができることでしょう。

では、読者の皆様の人生好転のお手伝いとなりますように……。

スタートです。

2024年2月

山下　悦史

つらい思いにさようなら！　会社での居場所のつくり方──「気」で生み出す、気持ちのいい職場環境　目次

第1章　私と「気」とのかかわり

第2章 心を楽にする気変わり術

第3章　気を強くする戦略法

第1章　私と「気」とのかかわり

1　私と「気」

気に出会ったきっかけ

「気」についての話に入る前に、私が「気」と出会ったきっかけや、なぜ「気」について研究しようと思ったのかについてお話しします。

私は幼少期から体が弱かったこともあり、死や運について深く考えることがよくありました。そんな中で、高校生の頃に「気」と出会ったのです。

当時は、私自身の運の悪さについて悩んでいた時期であり、様々な本を読みながら私の悩みを解決するものを探していました。

あるとき友人が読んでいた丹波哲郎さんの著書『大霊界』を貸してもらい、読んだ私は探していたのはこれだと確信しました。

その本には、人間の「気」が霊的な次元と結びついており、その気を通じて霊的な情報やエネルギーを受け取ることができるという考えが描かれていました。

この「気」というものに初めて触れ、私はもっと深く学びたいという思いが芽生えました。

それが私の「気」に対する探求の始まりでした。

本を読んでいるときは、ページをめくる手が震えるほどに興奮していました。

その言葉が私の中に流れ込んできて、自分の中で「気」との出会いを待っていた感覚が呼び覚まされたようでした。

私はまるで新たな世界に足を踏み入れたかのようでした。

文字から伝わる知識が、私の心を包み込み、今まであった死への恐怖や運の悪さに関する悩みを納得のいく理解へと導いてくれるようでした。

また、「氣」について学びを深めることで、私の運命や今後の人生の歩みについての答えを与えてくれるかもしれない、という期待を抱かせてくれました。

この出会いが私の人生に与えた影響は計り知れません。

それ以降、「氣」についての探求が私の中で大きな使命となり、自分自身の成長や人生の意味について深く考えるきっかけとなりました。

2　現在の私

神霊治療の仕事

現在、私は大型トラックの運転手として働いています。

トラックの運転手の仕事を始めたきっかけは、１人で仕事をする時間が多いことに魅力を感じたからです。

トラックの運転手としての仕事は、１人で運転する時間が多いため、自分のペースで仕事を進めることができます。また、トラック運転手は人材不足の職種のため、給料がいいことも魅力の1つでした。

さらに、トラックの運転は、世間で一般的に認識されているような重労働では決してありません。外での作業に加え、長距離を運転することで、新しい景色を楽しむことができ、開放感を味わえることも私にとって魅力的でした。

今では気に入って楽しみながら働いているトラックの運転手という仕事ですが、それまでの私は全く別の神霊治療（浄霊）の分野で働いていました。

神霊治療（浄霊）の仕事は、身体的な疲れや痛みはもちろん、人々の心の奥深くに潜む痛みやトラウマも扱います。

初めての依頼者との対面では、緊張した雰囲気を和らげ、依頼者が悩みや苦しみを解放しやすくなるように心がけていました。

対応中は、依頼者の話を聞きながら、その言葉の奥に隠れた思いを感じ取っていきます。時には言葉にできない痛みや悲しみに触れることがありますが、丁寧に受け止め、依頼者に寄り添うことが大切でした。

神霊治療（浄霊）では、依頼者さんの「気」のエネルギーを感じとります。心に宿るエネルギーの動きや変化を意識しながら進めます。

神霊治療（浄霊）を行う前では、様々な悩みを依頼者から聞くことがありました。依頼者からの悩みを聞くときに特に多かったのは、人間関係の悩みでした。

家族や友人との関係、恋愛や職場など、様々な場面で人間関係に関する不安や怒り、悩みが生じていることがよくありました。

その中で、感情の表現が得意でない人も多く、自分の気持ちを正直に相手に伝えることに抵抗を感じている人が多かったです。

そのため、言葉にできない感情や痛みを引き出すために、非言語的なコミュニケーションも重要でした。

依頼者の体のサインや表情、呼吸のリズムから、彼らが抱える深層の感情を読み取っていきます。

神霊治療（浄霊）の仕事は、人の心の奥深くに触れる特別なものであり、依頼者さんとの深い信頼関係を築くことが重要でした。

対応を通して患者の悩みが改善され、癒されていく様子を見ることは非常にやりがいを感じる瞬間でした。

しかし、人間関係の悩みから生じる身体の疲れや緊張、痛みを取り除くことはできても、人間関係という悩みは根本的に治すことはできません。

私にとって、多くの人から人間関係の悩みを聞くたびに、根本的に人間関係の悩みを解決する方法がないかと考えるようになりました。

そして、あるとき普段自分が神霊治療（浄霊）で使っている「気」こそが、人間関係の悩みを解決することができる最善の手段ではないのかと気づきました。

自分にとっての死や運の悪さに関する悩みを「気」が解決したように、人間関係も解決できるかもしれないと思いました。

トラック運転手の仕事での人間関係の悩み

その後、「気」と人間関係に関する研究を深めるために、神霊治療（浄霊）の職場を退職し、大型ドライバー免許を取得し、トラック運転手としての仕事をスタートさせました。

トラック運転手を選んだのは、自由に仕事の量を調節できたり、自分の時間をつくりやすかったりというメリットが大きかったからです。また、大型免許証さえあれば転職が容易であることも魅力でした。

そして、この約30年の間に、「気」と人間関係の研究を自分なりに進めながら、様々な運送会社で働いています。

運送会社での仕事を続ける中で、人間関係について苦労する場面が多々ありました。

初めは良好に築けていたはずの人間関係も、慣れてきたら横柄な態度を取られたり、上司との関係がうまくいかなかったりと、そのたびに別の運送会社に転職しました。

同僚や上司との関係が上手くいかないままでは、仕事への集中が難しくなり、心身ともに疲弊してしまいます。

研究を円滑に進めていくためにも、人間関係のストレスや悩みが増えるのは望まないことでした。

そのため、トラック運転手という仕事を続けながら、新たな環境に変える決断をしました。

新しい運送会社でのスタートは、人間関係をリセットし、心地よい職場環境で本当の自分自身を取り戻す一歩になります。

現在、私が勤務している会社は、関東県内の配送を行います。給料は月給制ですが、多く働けばそれに応じて報酬も増えます。

そのため、自身の収入を柔軟に調整することが可能で、稼ぎたいときには多くの仕事を引き受けることができるメリットがあります。

研究に集中したいときには固定の量の仕事をこなし、多めに稼ぎたいときには追加で仕事をもらう。このような働き方は、研究との両立がしやすいため、私にとってとても働きやすい環境です。

私も年齢的に定年が近いため、将来的には「気」で生計を立てていきたいと思っていますが、それまでは仕事と研究を両立した生活を送っていきたいと思っています。

3　トラック運転と「気」

「気」を感じる瞬間

トラック運転手として仕事をしている間でも、私は「気」というものを感じる瞬間があります。

この「気」は、私の体から発せられ、体の外に広がっていきます。トラックを運転している間は、この「気」がトラックの中全体に広がっていくのを感じることがあります。

山々が静かにそびえる林間道をトラックで走行すると、その場所自体が生きているような感覚に包まれます。

私の体から発せられる「気」が、まるで自然と共鳴しているかのように感じられるのです。

また、夜間の高速道路を走るときに、トラックのエンジンの振動や車輪が道路を踏みしめるリズムが、私の体と一体化していくように感じることがあります。

長時間トラックを運転していると、トラックはまるで私のパートナーのようになります。

そのため、いつしかトラックが私の一部として動き、目的地に向かって進んでいるかのような使命感が伝わってくるのです。

料理人が包丁で食材を切るとき、包丁の先まで自分の体の一部と化して「気」が伸びるような感覚があると言われますが、私もトラックを運転しているときに、「気」がトラックの先まで広がっていくのを感じることがあります。

そのため、トラックの擦る音や周囲の状況が変化すると、私はひやっとしたり、異変を感じたりするのです。

このような「気」を感じる瞬間は、特別な体験です。このような感覚がすべてのトラック運転手や人々に共通して起こるわけではありません。

それぞれの人が異なる感受性や感覚を持っており、このような経験が起こるかどうかは個人の感性によるものです。

つまり、私のように「気」を感じることができる人もいれば、そうでない人もいるでしょう。

しかし、「気」について学び理解することで「気」を感じることはできるのです。

「気」はすべての物や場所、自然に存在するので、「気」の存在や流れを知ることは、物事の流れを理解するのに役立ちます。

「気」は私たちの周りに常に存在し、感じることができるものなので、ぜひ日常の中で意識してみて欲しいと思います。

4 「気」を感じるために

気を日常的に感じるための5つの方法

「気」を日常的に感じるための方法を5つ紹介します。

①自然の中で

自然の中には様々な生命が共存しています。木々は大地に根を張り、地中深くから栄養を吸収し、枝葉を伸ばして空へ向かいます。花々は太陽の光を受けて、美しい花を咲かせます。手で樹木に触れると、微かな振動やぬくもりを感じるでしょう。

また、花々や草花は風に揺れ、その優美な舞いを通じて自然の「気」のエネルギーを感じることができます。足元には土や石があり、それらも地の「気」エネルギーを感じる手助けになります。

自然界の中で、生命がそれぞれの役割を果たしながら共存しています。それぞれの存在が、「気」の流れを生み出し、私たちに生命力と躍動感を感じさせてくれます。

②食事の中で

食べ物は私たちに栄養や美味しいという喜びを与えてくれるだけでなく、「気」のエネルギーも届けてくれます。たとえば、新鮮な野菜や果物はキラキラと輝き、生命力に満ちています。それを摂ることで、その生命力を自分の体に取り込むことができます。

また、食事の際には食べ物の香りや味わいを注意深く感じてみてください。味や触感だけではなく、他の五感から食べ物が持つ「気」のエネルギーを感じ取ることで、「気」を深く理解できるでしょう。

③人とのコミュニケーションで

人間もそれぞれ「気」を持ち、放っています。

人とのコミュニケーションでは、相手の言葉や表情だけでなく、その背後にある感情や思いを感じ取ることを意識しましょう。相手の本当の感情は喜んでいるのか、笑っているのか、ふさぎこんでいるのか、悲しんでいるのかを感じる直感力を磨くことが大切です。

相手の奥底にある「気」を感じるための感受性を高めることで、「気」を感じるだけではなく、相手に対するより深い理解と共感ができるようになります。

④音楽やアートから

音楽やアートは作者の感情や思いが表現された芸術作品です。その様々な表現を通じて、作者がそこに込めた「気」のエネルギーを感じることができます。

音楽のリズムや旋律が心に響いたり、アートの色彩や厚みが感情を刺激したりします。これによって、作者の込めた「気」を深く理解できるでしょう。

⑤深呼吸から

瞑想や深呼吸は、自分の内側にある「気」に触れるための手段です。深くゆっくりとした呼吸を通じて、自分の体や心の中に流れる「気」を感じることができます。また、呼吸を整えることで、心地よいリラックス感や安心感を得ることができます。

リラックスして自分と向き合うことで、深い自己観察ができ、内なる自分の状態や感情に気づくことで、自分自身の「気」の流れをつかむことできます。

「気」を感じる練習をすることで、感受性が高まり、日常の中でより豊かな感覚を味わうことができます。より深く、自分や他者を感じることができるようになるので、対人関係に悩んだり、苦しんだりしている人の手助けになります。

日常のいたるところに「気」が溢れています。ぜひ、あなた周りにある「気」を感じ取ってみてください。

5 「気」で人を救いたい

私の夢は気を使って人々を救うこと

現在、私はトラックの運転手として働いていますが、本来の私の夢は「気」を使って人々を救うことです。

以前、教室を借りて「気」に関する授業を行ったことがありましたが、なかなか上手くいきませんでした。それでも、「気」に対する情熱と信念は変わりません。

私は、自分が人間関係で苦労したり、人から人間関係で苦しんでいるという相談をよく聞いたりした経験から、「気」を活用して人間関係に悩んでいる人を救いたいと考えています。

私自身も「気」との出会いから、人間関係に関する悩みが驚くほど減りました。人によって、苦しみ方や悩み方、解決の方法は異なります。そんなそれぞれ違った人間関係の悩みを、「気」を使って丁寧に解決し、豊かな日々を送ってほしいと考えています。

トラックの運転手としての仕事は、安定した収入を得る手段として優れています。そのため、私はこの職業を通じて生計を立てつつ、一方で「気」の研究を続けています。

最近のトラック運転手の仕事は、自分の好きなときに好きな分だけ働くことができる会社が増えています。

そのため、お金を一気に稼ぎたいときは多めに働き、「気」の勉強に集中したいときは仕事の量は少なめにという風に、自分の希望に合わせて働く量を調節することも可能になります。

トラックの運転手は、そういった意味でも私に合っており、「気」の勉強と仕事の両立をしながら、充実した日々が送れています。

しかし、将来的には「気」に関する研究や活動を行い、人々の悩みを解決しながら、自分らしく生きていきたいと考えています。

「気」を通じて人々の悩みを解決し、多くの人を助けることが私の夢です。

時が満ちたときに、その夢を実現するために新たな一歩を踏み出したいと思っています。

そのためには、自身の知識を深めるために、「気」と人間関係に関する勉強を続けます。様々な「気」の側面やその影響についての知識を広げ、多くの人の人間関係の悩みを解決するためにどのように「気」を活用するのかを具現化します。

さらに、「気」に関する著書を出版していき、より多くの人が「気」

を知るきっかけをつくりたいです。

私が、気を知ったきっかけも書籍だったので、そのような本が出せるようにしたいです。

書籍を通じて、「気」を使った悩みの解決方法や心の安定のための実践的なアドバイスを提供し、多くの人々に届けたいです。

そして、あなたが今手に取ってくれているこの本が、その第一歩です。

私の今までの人生の経験や研究の成果が、詰め込まれています。

本書を通して、人間関係の悩みを改善したり、少しでも生きやすくなったりしていただけると幸いです。

また、講習やセミナーを開催し、直接人々と交流しながら「気」を活用した方法を伝えていきたいとも考えています。

人の悩みは人間関係だけではありません。

仕事でのパフォーマンスの向上や試験の合格、不安をぬぐう方法ややる気の出し方など、多くの人々が遭遇する悩みの数々を「気」を使って解決したいです。

6 「気」との出会い

気との出会い

ここからは、私と「気」の出会いを紹介します。普段生きていると、なかなか「気」と出会うことはないかもしれません。

私が「気」と出会ったのは、高校2～3年生の時期でした。

今では、その頃に「気」と出会えたことは、私の人生を大きく変えたと思っています。「気」のおかげで、私の人生は豊かになり目標ができました。

私と「気」との出会いは、それまでの経験や私の考えや悩み、環境が積み重なってできたものです。

これも私の「気」が引き寄せたものなのでしょう。

それまでは、運が悪いと思っていた私の人生ですが、運がよかったと言わざるを得ません。

私が高校2〜3年生のこの頃は、霊的なテーマがメディアで話題となっており、私自身も「気」や「霊」に対する興味を抱いていました。

この時期、友人が読んでいた丹波哲郎さんの著書『大霊界』を貸してもらい、その内容に一気に引き込まれました。

『大霊界』とは、１９７０年代から１９８０年代にかけて多くのテレビ番組や映画に出演し、俳優として活躍していた丹波哲郎さんの書籍です。

この本は、霊的な世界や魂の成長、死後の世界に関する考えを深く探求したもので、丹波哲郎さんのスピリチュアルな思考や体験が記されています。

私は特に、『大霊界』のシリーズの中の「気」に関する部分に引き込まれました。その本の中では、「気」とは日本の古代から伝わる概念であり、生命エネルギーや霊的なエネルギーを指すことが説明されていました。

「気」は人間の体や周囲の環境など地球上のすべてに存在し、「気」の流れを知り整えることで、健康や心の安定にも影響を与えると書かれていました。

『大霊界』シリーズでは、「気」についての理解や活用方法についても詳細に説明されています。具体的には、気の流れやバランスを整える方法、気を使った癒しの手法、健康や幸福につながる「気」の使い方などです。

私は、人間の気が霊的な次元と結びついており、その気を通じて霊的な情報やエネルギーを受け取ることができるという部分から、もっと「気」について深く学びたいと感じました。

具体的な仕組みやその影響、さらには実践的な方法についてです。「気」が私たちの生活や精神的な健康にどのように影響するのか、そしてその力を最大限に活かすにはどうしたらいいのかについて学びたいと考え始めました。

人によっては、霊やエネルギーといったものに対して、関心がなかったり、信じられなかったりするかと思います。

しかし、私は幼少期から霊的な体験が多く、天井に人の顔を見たり、声を聞いたり、金縛りを経験したりすることがありました。

これらの経験から、「気」や「霊」についての探求心が芽生え、様々な本を読み漁る日々を送りました。

心理学や霊、気などに関する多様な著作に触れることで、私は自分自身の経験を理解し、より深く探求しようと心に決めました。

これらの本は、私にとって霊的な世界や人間心理に対する理解を深めるきっかけとなりました。

それぞれの本から得た知識が、私の探求心を育み、「気」の研究に向けての力になりました。

大学に進学した際には「神霊」に関する研究を深め、「気」に実際に触れてみたいという思いから、隈本確氏に弟子入りしようとも考えました。

隈本確氏は、幼少期から霊的な経験を持つとともに、20歳を過ぎてから本格的に神霊治療（浄霊）の研究と実践に取り組みました。

氏は長崎と東京に拠点を持つ宗教法人日本神霊研究会の会長として、即効性のある神霊治療や神霊治療能力者の育成に尽力していました。

7　神霊治療（浄霊）とは

宇宙に存在する神聖なエネルギーや力を活用する治療法

神霊治療（浄霊）については、あまり馴染みがないと思いますので、詳しく原理や治療対象などを紹介します。

神霊治療（浄霊）は、私たちが日常的に感じる物理的なエネルギー以上である、宇宙に存在する神聖なエネルギーや力を活用する治療法です。このエネルギーは、私たちが持つ愛や癒しのエネルギーと深く関わっています。

この神聖なエネルギーは、私たちが簡単には感じることができないものですが、すべての生命や物質が共有する力と考えられています。

神霊治療（浄霊）を通じて、この神聖なエネルギーを受け取ることで、私たちの体や心の悩みや苦しみが改善され、自然な状態へと戻ります。エネルギーを受け取るためには、リラックスして、治療者から送られるエネルギーを受け取る準備をすることが大切です。

神霊治療（浄霊）は、訓練を受けた能力者が行います。

訓練の内容としては、はじめに「気」や「霊的なエネルギー」といった基礎的な概念について学びます。

そして、「気」の流れやバランスの重要性、エネルギーを送るための手順などの理解を深めます。

治療者はリラックスした状態で、深い呼吸や瞑想を行いながら神聖なエネルギーを受け取り、それを患者に送る練習を行います。

指導者からのフィードバックを受けながら、正しい神霊治療（浄霊）の手法が習得できるまで、繰り返し練習を行います。

訓練を通じて、能力者は神霊のエネルギーを使いこなし、依頼者の健康や悩みを改善するための技術を習得できれば、実際に患者にエネルギーを送り、体内のエネルギーのバランスを整え、心身の不調和を解消していきます。

神霊治療（浄霊）は、身体的な痛みや不調をはじめ、精神的な問題や感情の乱れなど、様々な問題を改善します。

頭痛や肩こりなどを軽減し、ストレスや不安、うつ症状やトラウマなどに対しての効果もありました。

忙しい生活やプレッシャー、人間関係によるストレスは、体や心に不具合をもたらす要因の１つです。

ストレスを溜め続けると、体調不良や精神疾患につながるため、定期的にストレスを発散させたり、ストレスを溜めない生活を心がけたりすることが重要です。

ストレスや不安などはよくない霊気を体内にため込みます。

これを神霊治療（浄霊）でいい神気と入れ替えることで、元の元気で健康な心身を目指します。

神霊治療（浄霊）を通して、リラクゼーションと癒しを提供し、時には悩みや不安の相談を受けたりもしました。

また、不安や心配事、うつ症状の気分の沈みや無気力は、心の平穏を妨げる要因になります。

神霊治療（浄霊）によって、心の安定や前向きな感情を取り戻すことを目指します。

過去の辛い経験やトラウマは、心に深い傷を残すことがあります。このような出来事は、心の奥深くに影響を及ぼしたり、日常生活に支障をきたしたりすることがあります。

神霊治療（浄霊）を通じ、そのような暗く辛い過去の傷を優しく包み込み、癒していきます。

神霊治療（浄霊）を通して、神霊エネルギーを心の深層に働きかけ、優しく穏やかな癒しの力を送ります。

依頼者の内面から癒す力で、心の重荷や体の痛みを軽減させる

神霊治療（浄霊）は、患者の様々な心身の問題を解決するための手段です。

過去の痛みやトラウマ、体の痛みや不安な気持ちなど、１人ひとりが持つ様々な悩みに向き合い、改善を目指します。

神霊治療（浄霊）は、依頼者の内面から癒す力で、心の重荷や体の痛みを軽減させることができます。

神霊治療（浄霊）では初めに、リラックスした環境を整えます。静かな場所で行われることが一般的で、依頼者が心地よくリラックスできるような雰囲気を準備します。

また、神霊治療（浄霊）のためには依頼者が神霊治療（浄霊）を信頼することが大切です。

依頼者が身をゆだねられるように、悩みを相談しやすい雰囲気やどんな困り事でも包み込むような穏やかさを感じ取ってもらうことが大切でした。

依頼者から打ち明けられる様々な悩みに親身に寄り添いながら、神霊治療（浄霊）を施すための方法を考えていきます。

依頼者は通常、リラックスした状態で神霊治療（浄霊）を受けます。

そうすることで、身体の緊張を解き、能力者が神聖なエネルギーを送りやすくなります。

そして、能力者は心を整え、意識を高め、神霊のエネルギーを受け取り、それを患者に送ります。

これは、手を通じて行われることが一般的で、能力者の手を患者の体に向けることでエネルギーを送ります。

能力者はこの神聖なエネルギーを受け入れることで、心地よい感覚や温かさを感じることがあります。

神霊治療（浄霊）を通して、依頼者は深いリラックス状態に入り、心の安定や体の不具合が和らいでいきます。

依頼者と能力者のお互いの信頼と共感が重要

神霊治療（浄霊）は、依頼者と能力者たちのお互いの信頼と共感が重要です。能力者は依頼者の悩みや体の状態に敏感に対応し、神霊のエネルギーを通じて患者に癒しのエネルギーを送り込みます。

神霊治療（浄霊）を受けることで、多くの人は深くリラックスできたり、日常のストレスや緊張が軽減されたり、体の痛みや不調が改善されたりするのを感じます。

神霊治療（浄霊）は心のバランスを整え、心の状態を安定させるので、日常生活に対する明るい気持ちや前向きな気持ちを取り戻すことが期待できます。

ただし、効果は個人によって異なるため、すべての人に同じような結果が得られるとは限りません。担当の医師や専門家と相談しながら依頼を行ってください。

依頼者と能力者がいてこそ成り立つ神霊治療（浄霊）。神霊治療（浄霊）を通して、能力者である私自身も人が持つ悩みを知ったり、「気」が人々の悩みを解決するために役立つということを知ったりすることができました。

依頼者にとって能力者は、心身の不調を改善し、助けてくれる存在かもしれませんが、能力者である私も助けていただいていました。

今では神霊治療（浄霊）は行っていませんが、あのときの経験は私にとって今後の生きる指針となり、「気」に関する学びを得ることもできました。
あの頃の経験を活かして、より多くに人の助けられる存在になりたいと思っています。

8　神霊治療（浄霊）の弟子入りに向けて

弟子入りに至るまで

神霊治療（浄霊）の知識を学び、技術を身につけたいと考えた私は、隈本確氏の弟子入りを目指します。

そのため、隈本確氏が活動している拠点の近くにある長崎の大学に入学しましたが、学生だったため師匠に弟子入りすることは叶いませんでした。

学生は学業に専念する必要があるため、神霊治療（浄霊）の知識を身につけたり、技術を取得したりするための十分な時間を割けない場合があります。

また、未成年者や学生が師匠に弟子入りする場合、その責任は保護者や学校、教育機関なども関与するため、複数の関係者の合意が必要です。

そのため、学生や未成年者が師匠に弟子入りすることは認められておらず、それに従うほかありませんでした。

大学生の間は神霊治療（浄霊）の弟子入りをすることはかないませんでしたが、学業に励みながら「気」に関する勉強をし、卒業し弟子入りすることを夢見て過ごしていました。

そして、卒業してすぐは隈本確氏の神霊治療（浄霊）での仕事の募集がされていなかったため、弟子入りの機会を待ちながら、卒業後は東京で仕事を始めました。

大学でのアルバイトを含めると、コンサートスタッフやテレビ局スタッフ、大型電気店の販売員、銀行金庫設置点検者、土木工事プラント運搬兼オペレーターなど、多くの異なる職種で働いていました。

その中で、私は上司や同僚との人間関係に悩むことが多かったです。特に、テレビ局やコンサート会社での経験では、上司たちの横柄な態度が頻繁に現れ、これが私にとって大きなストレスとなっていました。

人間は生きていれば、必ず誰かと関わることになります。

1人で生きていくことは不可能であるし、避けることができません。そして、その人間関係で悩むことは一度や二度ではないはずです。本書を読んでくれているあなたも、人間関係で悩んでいることがあるでしょう。

私自身も、何度も人間関係で悩み、苦しみ、もがいてきました。

しかし、だからこそ得られたこともあります。

そして、誰もが悩む人間関係の問題があるからこそ、私の持つ「気」の知識で少しでも楽になってもらいたいと考えています。

9　人間関係の壁

能力者になるまでの間で悩んだ人間関係の問題

ここでは、私が神霊治療（浄霊）の能力者になるまでの間で悩んだ人間関係の問題をいくつか紹介します。同じような経験がある方もいるのではないでしょうか。

切っても切り離せない人間関係の壁を、当時の私はただ耐えるしかありませんでした。

しかし、今では「気」を活用することでずいぶん人間関係の悩みは楽になりました。

当時苦しんでいた私にも伝えてあげたいのですが、それは叶いません。どうか、代わりにあなたが受け取ってくれると幸いです。

まず初めにテレビ局での体験です。

その頃の上司は具体的な指示をくれず、あいまいなまま作業を進めなければならない状況が多かったです。そのため、作業内容や優先順位が理解しにくくなります。

具体的な仕事の方針や目的が不明確であり、どのような結果を目指すべきかがわからなくなるため、作業の遂行が困難になり、ストレスを感じていました。

そして、複数のタスクやプロジェクトが同時に依頼される場合、どれを優先すべきかの判断が難しくなり、ストレスが溜まっていたこともありました。

上司たちとのうまくコミュニケーションが取れないことで、誤解やミスが生じ、ストレスが増大します。

また、上司が横柄な態度を取ったり、ひどい態度や言葉を使われたりすると、自己評価感が低下し、自信を失うことにつながります。そして、ストレスやモチベーションの低下につながります。

上司たちの横柄な態度は、私だけの問題にとどまらず、職場全体の雰囲気にも影響を与えます。

私以外の同僚たちも不快な状況にさらされ、チームの協力や効率に悪影響を与えます。ストレスが溜まった状態だと、互いを思いやることが難しくなり、悪循環に陥ります。

上司たちとの人間関係の悩みが、いつしか同僚間の人間関係の悩みにも発展し、仕事も人間関係もうまくいかなくなってしまいます。

誰もが心地よく楽しく働くためには、互いを思いやり、極力ストレスを減らすことが大切です。1人が横柄な態度やコミュニケーションエラーを起こすと、それが蔓延し、職場全体の意識ややる気の低下、ストレスの上昇につながっていきます。

また、大学生の時にバンドで楽器を演奏していたため、コンサート会場でのステージ設営やボディガードのアルバイトをしていました。

コンサート運営のまとめ役を務めた際にも、人間関係に関する問題に直面し、日々悩むことが多かったです。

コンサート会場でのステージ設営を行う際、チームメンバー間での連携が不十分である場合がありました。

たとえば、作業の進め方や役割分担が明確でなかったり、コミュニケーションの不足であったりしたことで、うまく作業が進まず亀裂が生まれたりもしました。

ボディガードのアルバイトでは、他のスタッフや出演者との人間関係において、意見の不一致や協力の難しさがたびたび生じました。

特に、イベントが開催されていて、皆が成功を目指しているという緊張した状況下での連携が求められるため、誰もが焦って意思疎通の問題が生じやすかったです。

コンサート運営のまとめ役を務めた際、スケジュールの調整やタスクの割り振り、スタッフや出演者との調整などが必要です。

この際、意見が対立したり、予期せぬトラブルが発生したりなど、人間関係に関する問題が発生しました。

円滑に物事をすすめたり、正確さを求められる仕事だったりすると、緊張や焦りが生じて、人に当たってしまったり、イライラしてしまったりします。

特に、そのような状況下でコミュニケーションエラーが生じると、ミスにつながったり、情報連携がスムーズにいかなかったりと、悪循環に陥ります。

重要で臨機応変な対応が求められるときこそ、丁寧に周りとの連携を上手くする必要がありますが、一度亀裂が生まれたり、誰かが場を乱すような発言や行動をとったりすると修復は難しくなります。

このような状況が重なることで、上司や同僚との人間関係に悩むことが多かったです。

様々な人間関係の壁にぶつかり、時に苦しみ、時に絶望しました。

この頃から、漠然と人間関係を改善する方法について興味が出てきていました。

このよう人間関係に悩んだり、ストレスを感じたりするような職場は「気」の流れが悪かったのでしょう。

今ではそれに気づけるし、改善方法がわかるようになりました。

過去の私のように、人間関係によるどうしようもない苦しみの中にいる人は、本書で紹介する人間関係と「気」のつながりを知ることで、ぜひ改善に役立ててください。

10　神霊治療（浄霊）能力者

能力者としての修業の過程で

私が24歳になった頃、念願の隈本確氏の元で働く機会が巡ってきました。

神霊治療（浄霊）能力者という仕事の募集がされており、応募したところ無事に採用され、ついに師匠の指導のもとで神霊治療（浄霊）能力者としての修行を始めました。

神霊治療（浄霊）能力者とは、宇宙や神秘的なエネルギー源からエネルギーを取り込み、それを用いて病気や不調を癒す使命を担う存在です。

初めのうちは神霊治療（浄霊）法を学び、その後は実際に依頼者の神霊治療（浄霊）に取り組む日々を送りました。

初めに、神霊治療（浄霊）能力者としての基礎理論を学びます。たとえば、宇宙や神秘的なエネルギーに関する理解、エネルギーの取り込みや活用法などが含まれます。

そして、基礎理論を基に、実際の神霊治療（浄霊）法の練習を行います。これには、依頼者とのコミュニケーションの取り方やエネルギーの送り方などです。

師匠からのフィードバックを受けながら、技術の向上を図り、依頼者の悩みを解決するための手法を身につけます。

この依頼者の治療の過程で、多くの人から人間関係に関する悩みや苦しみを聞き、人間関係の難しさや重要性を痛感しました。

また、実際に人々の話を聞きながら、人間関係に悩む人々の多さに驚きました。

たとえば、仕事を辞める理由は、仕事内容の不満や別の仕事がしたいという理由よりも、人間関係に悩んだ末の決断であることが多いのです。同僚や上司とのコミュニケーションがスムーズに行かない場合に、意見が合わなかったり誤解が生じたりします。

これが継続的に続くと、仕事のストレスや不満が蓄積し、最終的には仕事を辞める決断につながる場合があります。

また、家族間での人間関係に悩むことがあります。家族で重要な決定を行ったり、生活に関する意見が一致しなかったりする場合に、対立が発生することがあります。

たとえば、教育方針や経済的な問題、家庭内のルールなどに関して、家族内での意見の不一致が起こり、悩みや苦しみが発生します。

他にも、友人が嘘をついたり、正直でなかったりする場合、信頼関係が揺らいだりもします。

たとえば、友人が自分に対して嘘をついたり、隠し事をしたりしていた場合、信頼感が崩れて喧嘩をしたり、友情が揺らいだりします。

家族や友達のような、深いつながりであったはずでも、一瞬の出来事で崩れたり、信頼関係がなくなってしまったりすることも多いのが事実です。

そんな脆い人間関係の中で仕事をしたり、コミュニケーションを取ったり、意見を言ったりすることは、疲弊したりストレスを感じたりするのは仕方がないことです。

過去の職場で私自身も経験した人間関係の悩みと同じことが、いろいろな場所でたくさんの人が悩んでいることに気づきました。また、その多さにも驚きました。

人間関係の悩みは誰もが持っているけれど、誰もが解決できずに我慢している問題です。時には、我慢しきれずに心を病んでしまったり、環境を変えるしかなかったりします。

こうした経験から、私は「気」を用いて人間関係に焦点を当てた研究を始めることを決意しました。

私自身はサラリーマンとして働いたことはありませんが、多くの方々との対話を通じて、仕事におけるストレスや疲労が、仕事そのものよりもむしろ人間関係からくるものであることを知ることができました。

自身の悩みだけでなく、多くの人々が人間関係に抱える悩みを解決するために、「気と人間関係」に関する研究を進めることにしました。

「気と人間関係」に関する研究は、人々の心理的な健康や幸福感に影響を与える要素について探求するものです。

たとえば、ポジティブな気の流れが良好な人間関係を築くのに役立つのか？　とか、気が調和することで、意思疎通が円滑に行われるか？　気が乱れることがストレスの原因になるのか？　について研究します。

また、気を学び修行をすることで人間関係に及ぼす効果が得られるのかについての研究も行いました。

これらの研究を通じて、「気」と人間関係の相互作用についての理解を深め、人々の生活や健康に役立つ知識を得ることを目指しました。

11　新たな師との出会い

新しい師匠の指導を受ける

数年間にわたる神霊治療（浄霊）の経験を積んだ後、私は新たな分野である気学、易学、地学に興味を持ち、村山幸徳氏という新しい師匠の指導を受けて学び始めました。

気学は東洋の伝統的な学問で、自然界のエネルギーである「気」を研究する学問です。

気学では、宇宙のエネルギーが人間や自然界に及ぼす影響を理解し、その知識を生活や健康の向上に活かすことを目指します。

気学は風水や陰陽五行などの概念を含み、日常生活にも応用されることがあります。

風水は、空間の配置や方位の選定を通じて吉凶や運気を調和させる技術であり、陰陽五行は自然界の要素を基にバランスを保つ考え方です。

このような概念が気学の一環として取り入れられ、人々の生活や環境の改善に活用されています。

易学は、古代中国の哲学である易経（えききょう）を基盤にした学問です。

易経は、変化や流れを理解し、それに応じて適切な行動を取るための知恵を提供します。

この学問では、八卦や卦象といった記号や概念を用いて、未来を予測し、人生の方針や選択の手助けをします。

八卦は、陰と陽、または自然界の要素を表現する8つの記号で構成されています。

これらの記号は、様々な状況や相互作用を象徴し、変化のパターンを示します。

卦象はこれらの記号の組み合わせによって得られ、特定の状況や出来事の意味を解釈する際に活用されます。

易学の目的は、変化の法則を理解し、それに基づいて現実の状況に適切に対応することです。

未来の展望や人生の選択に対する洞察の手助けをし、知恵を得る手段として重視されています。

地学は、地球科学の一分野で、地球の自然環境や地形、地質などを研究する学問です。

具体的には、地球の構造や成り立ち、地表や地下の地形、岩石や鉱物の性質などを理解し、地球の自然環境に関する知識を深めます。

また、地学は地球の歴史や進化、自然災害の原因やメカニズムを解明することで、環境保全や災害予防などにも役立ちます。

地学には、地球の地殻や岩石、地層などを研究し、地球の形成や変化の過程を解明する地質学や、大気の現象や気候を研究し、天候の変動や気象条件の予測を行う気象学、地球表面の地形や地形変化を研究する地形学などがあります。

これらの分野は、それぞれ独自の特性や知識体系を持ち、異なる側面から自然や人間の生活に関わる要素を探求しています。

私は、村山幸徳氏からの指導を受けて、これらの分野について学ぶことで、新たな「気」に関する知識や視点を得ることができました。

村山幸徳氏は、国際平和活動や宗教活動に携わった後、衆議院議員の政策秘書などを務めた人物です。彼は日本各地で、正法眼蔵といった仏教哲学をベースにした経営指導や、ビジネス関連のセミナーを開催しています。

気学や易、仏教の研究者としても活躍し、社会運勢学の第一人者として幅広い分野で活躍しています。

社会運勢学は、古代中国の哲学である易学を基盤にし、社会の運命や傾向を予測し、解析する学問です。

易学は主に易経（えききょう）という古代の文献に基づいており、その原理や八卦(はっけ)などを活用して、社会全体の運勢を読み解きます。

この学問は政治や経済、文化、国際関係など、幅広い社会的な要素を対象にしています。

社会運勢学者は、歴史的な出来事や現在の社会状況を総合的に考察し、将来の傾向を予測します。

また、国際的な関係や地域の安定性についても考察し、社会の発展や安全を考える際の重要な情報源となります。

このように、社会運勢学は古代の哲学を現代に応用し、社会の動向を理解しようとする学問です。

ただし、その解釈には主観的な要素が含まれるため、異なる学者や研究者の間で意見が分かれることもあります。

トラック運転の仕事につくも人間関係に悩む

神霊治療（浄霊）を離れた後の私は失業状態にあり、この期間からトラックの運転手としての仕事を始めました。

トラック運転手として働くのは初めてだったため、まずは免許を取得しました。

現在は、楽しみながらのトラック運転手として働いていますが、初めの頃は土木工事の業務に携わっており、同僚との関係に悩んだ時期もありました。

現在のトラック運転手は、１人で目的地までトラックを運転します。しかし、土木工事の運送業務は、二人一組で工事機材を積んだトラックに同乗して工事現場へ向かいます。

初めの頃は、同僚たちがとても丁寧に教えてくれたり、接してくれたりしました。私が未経験者であることを理解し、わからないことや不安な点について親身になって教えてくれる姿勢に感謝の気持ちでいっぱいでした。

しかし、徐々に仕事に慣れてくると、同僚たちの態度が変わってきました。はじめの丁寧な対応からは一変し、慣れてくると次第に横柄な態度をとるようになりました。

以前のような丁寧さや協力的な姿勢が感じられなくなり、不安と戸惑いが募りました。

同僚の変化に対して、最初は自分に問題があるのではないかと自分を責めることもありました。

自己評価が下がったり、ストレスが溜まったりすることは本来、私が仕事に求めることではありません。

気持ちよく仕事がしたかったこともあり、別のトラック会社に移りました。

生きていく限り、他人との関わりは避けられないのは事実です。

ここで、さらに人間関係の難しさを痛感し、研究に対する気持ちが高まり、少しでも人間関係に関連する悩みを減らす方法を見つけたいと感じました。

また、私は自身の経験だけでなく、多くの人々が人間関係で悩むという事実を知っています。

自身の経験だけではなく、私に体験を話してくれたすべての人の経験を通じて、人々の悩みを解決すると心に決めました。

12　なぜ「気」だったのか

子どもの頃の経験が影響

悩んだり、苦しんだりする人はたくさんいると思います。人間が持つ様々な悩み事の中で、多くを占めるのは人間関係と言われています。

私自身もそうでしたし、今まで多くの人から相談を受け、悩みや苦しみを聴いてきました。

そんな人間関係の悩み事を解決する方法は、心理学のテクニックを勉強したり、マインドフルネスを身につけたり、コミュニケーション能力を高めたりなどたくさんあります。

しかし、その中でも私は「気」を選びました。

なぜ「気」だったのでしょうか。それは、子どもの頃の経験の影響が大きいと思います。

私は、昔から運がいい人と悪い人がいると思っていました。冒頭でもお伝えした通り、小さい頃から体が弱く、死への恐怖が常に付きまとっていたのです。

13　死への恐怖と運

原因不明の病気に見舞われる

私が死への恐怖を初めて感じたのは、幼稚園の頃です。

原因不明の足の病気に冒され、股関節の付け根に異変が生じ、切断の可能性すら指摘されました。

約1年間の入院生活を送り、無事に病気は克服しましたが、退院後も骨盤をギブスで固定し、足を地面に触れさせないような制約の下で生活を続けました。

現在、日常生活は普通に送れていますが、左右の感覚に微妙な違和感が残っています。

この幼少期に「治らないかもしれない！」と告げられた恐怖は、未だに私の心に刻まれており、漠然とした死への不安が付きまとっていました。

幼稚園児でありながら、突如として現れた足の病気によって自分の身体がどんどん不自由になっていくのを目の当たりにしました。

そのときの私の心には、強烈な不安と焦り、絶望感が広がっていました。

幼いながらにして、自分の身体がどんどん制約され、自由に動けなくなることへの絶望感が押し寄せました。

一番恐ろしかったのは、原因不明の病だったこともあり、病気がどこまで進行するのか、そしてそれが私の命を奪しまうかもしれないという漠然とした恐怖でした。

この恐怖は、夜になると増していきます。

布団に入るたびに、死への不安が私を襲いました。

死という存在が初めて私の心に刻まれました。

幼いながらに、自分の存在が消えてしまうかもしれないという恐怖に苦しみました。

その一方で、病気を乗り越えるための希望や力強い意志も湧き起こりました。

医師や家族の支え、自分の強い意志が、生きる力となってくれました。

この経験は私にとって、死という現実と向き合う初めての機会であり、生命の尊さや強さを理解するきっかけにもなりました。

現在でも、この幼少期の経験は私の人生に深く影響を与えています。しかし、私が死と直面した経験は他にもあります。少し成長して小学3年生になった頃、再び原因不明の病気に見舞われます。

高熱が下がらず、約6か月もの入院生活を余儀なくされました。毎日、12本もの注射を打ち続け、悪化すれば生命の危険があると告げられました。徐々に回復は始まり、注射の本数も減っていきましたが、高熱による苦しみや異常な視覚体験など、死に対する深い不安を抱える日々が続きました。

入院生活は、病室での静寂な時間が多く、自由に外に出ることもままならず、友達や家族との交流が少なくなります。

そのため、孤独感や寂しさが募りました。同時に、病気が続く限り、学校や普段の生活から遠ざかる不安も抱えていました。

悪化すれば生命の危険があると告げられる度に、死への恐怖がより強くなりました。

幼少期のトラウマが蘇ります。

自分の命が危険にさらされている現実は、子どもながらにして非常に重くのしかかりました。

しかし、徐々に回復の兆しが見え始め、注射の本数も減っていきました。

医師や看護師の努力、家族の支えが、私の生命を守る糸口となりました。

この闘病生活は、死と向き合いながらも、生きる強さと希望を見出す重要な経験となりました。

しかし、何度も原因不明の病に侵され、死への恐怖にさらされているうちに、私自身の運の悪さを感じていました。

「なぜ自分だけがこのような経験をするのだろう」「何か悪いことをしたから病気になるのだろうか！」「運が悪いのだろうか！」など、自分を責めることもありました。

また、私は熊本の天草の離島に生まれました。都会で生まれたかったという思いは、子どもの頃から感じており、生まれる場所や環境も運だと諦めていました。

14　天草について

生まれ故郷

天草は、美しい自然が豊かで、特に海岸線や緑豊かな山々が魅力的です。他にも、天草には温泉地もあり、温泉でのんびりとリラックスすることができます。

また、天草はキリスト教の歴史的な遺産がたくさんあり、多くの教会や関連する施設が点在しています。

特に「天草四郎像」やキリシタンの墓地などが有名です。

天草四郎は、17世紀初頭に生きたキリシタンの指導者であり、キリシタン大名である有馬晴信の庇護を受けました。

キリシタンの信仰が禁止される中、彼は信仰を守り抜きました。

しかし、キリシタン禁制の強化により、天草四郎は反乱を起こしました。1637年から1638年にかけて行われたこの反乱は、「島原の乱」として知られています。

天草四郎像は、この島原の乱の際に立ち上がった天草四郎の勇敢な姿を讃えるものとして建立されました。像は、天草四郎が持つ槍を手にし、立ち上がった姿勢で表現されています。

キリシタン信仰の歴史や日本の宗教的な運動を象徴する重要な記念碑

の1つとして、大切にされています。

しかし、天草への交通手段は限られており、熊本市からは船やフェリーを利用する必要があります。

熊本市から天草への船の所要時間は1時間から2時間程度で、１日数便程度運航されています。

また、天草は都市部から離れているため、都会の便益や施設にアクセスするのが難しいです。

当時、自分が運の悪い人間だと思っていた私は、素敵な部分もある天草の離島のいいところに目を向けることができませんでした。田舎で都会から離れていて、不便なところにばかり目が行き、不平不満を漏らしていました。

このような経験から私は人生の不平等さや運の悪さを感じていました。

運がいい人と悪い人、病気になる人とならない人、都会に生まれる人と田舎に生まれる人、これらの違いが何なのかが気になっていました。

そんな中で私は、師との出会いが私の人生に大きな転機をもたらすこととなります。

師から「気」について学び、実践し、その効果を実感することで、人生における「気」の影響を実感するのです。

経済や健康、運、対人関係など、あらゆる側面において「気」が関わっていることを知り、特に「職場の人間関係と気」に焦点を当て、深く研究を進めることに決めました。

15　本書を書いたきっかけ

人間関係の悩みを和らげる手助けをしたい

私が本書を書いたきっかけは、人間関係に悩んでいる人が多かったこと、少しでもその悩みを和らげる手助けをしたいという願いからです。
また、神霊治療（浄霊）でたくさんの人と会い、会話し、相談を受けることで、人間関係の悩みを持っている人があまりに多いことを知りました。

会社員勤めをしていると仕事よりも、人間関係で苦しい思いをして退職してしまう人が多いです。

私自身も気が荒い人と一緒にいると苦しくなり、転職して新しい会社へ行っても、また価値観の違いから気が合わない人と一緒になって辛い思いをして退社する、というのを繰り返していました。

同僚から気に入られているうちはいいけれど、慣れてくると遠慮がなくなり、相手に耐えられなくなって退社するということを繰り返してしまいます。

転職している人に話を聞くと、私と同じように人間関係で苦しんで退社したという理由が多かったです。

多くの人が必ずと言っても悩み苦しむ人間関係。それを「気」の力でいい方向に変えていきたいです。

本書が、社会で働く多くの人々の悩みの1つである人間関係を改善する手段となり、少しでも気が楽になっていただければ幸いです。

16　私だからこそ書ける理由

人生の好転に役立てる

人は生まれてくる国や育つ家庭、通う学校や出会う先生などを選ぶことはできません。それはまさに、運としか言えないものがあります。

自然にも大気や気圧、気流など、気の流れがあります。同様に、社会にも人気や景気、電気など、気の流れがあります。

そして、人間には気分や元気、生気など、気の流れがあります。世界中には、様々な種類の「気」が入り交じり、絶え間なく流れています。

私は長年の「気」の研究を通して、人の運と世界の気の存在を知り活用できれば、人生の運気が変わることに気づきました。

人は生まれてくる国、家庭、時代など自分で選択できず、人それぞれです。

これは、自分ではどうすることもできないため、受け入れるしかないのです。とは言え、日本に生まれてきた人は、それだけでも運がよかったと好意的にとらえましょう。

誰もが生を受けたスタート地点は違います。しかしながら、ゴールとして目指す地点は誰もが同じで、幸せをつかみ笑顔になれることと認識しています。

そのためには、世界中に存在する「気」を活用することが、とても重要と確信しているものです。

気の流れに乗り、気を利用することで、自分で自分の運気を変えて、人生を好転させることができます。

「気」は人や動物、自然や大気などすべてのものの中に存在し、つながって流れをつくり出します。

「気」を理解することは、すべての物事を理解しコントロールすることにつながります。

そのため、これまでの私が苦しみ、また、社会の多くの人が苦しんでいる職場の人間関係の解消ができます。

本書を生きる上でとても重要な収入に直結する仕事での、人間関係の苦しみを軽減させる参考にしていただき、人生の好転の役に立てていただければ幸いです。

第2章　心を楽にする気変わり術

1　気の働き

気の連鎖で活動

大自然は、気の働きで常に活動を続けて、「日々新た」に変化しています。

人間社会も大自然の一部であるため、気の働きで活動し、変化しています。

大自然には大気があり、気圧の変化によって気流が発生し、雲が流れ、雨を降らせ、大地の動植物の生命活動が成り立っています。

人間社会には、財気があり、景気の上昇によって活気が生まれ、人気が高まり、購買に気が向いて、社会の物流経済が回り、職場の人々の活動が成り立っています。

人間自身も、生気があり、気の流れ方によって元気や病気になったり、人やモノとの巡り合わせが変わったり、金銭との縁の恵まれ方にも影響してきます。

気分のよし悪しだけでも、体調の変化、対人の対応、お金の使い方などの行動が変わります。

人生は行動した結果でつくられて行くものです。

気の持ち方による行動が変われば、将来の人生も必ず変わります。

そう、世の中は「気」を抜きにしては語れないのです。

大自然も人間社会も人間自身も気の流れによって活動し、気の働きによって「日々新た」に変化しているのですから。

気の影響を受けなければ、世界は動けず、気の働きを原動力にして、世界のすべてが活動し、変化しているのです。

気とは、大自然を構成している現象の根源的なエネルギーのことです。

職場の人間関係も大自然の中の、小さな1つの現象であるため、気の働きによって、活動し、変化しています。

職場環境の雰囲気がよければ社員は仕事がしやすくなるものであり、職場環境の雰囲気が悪ければ社員は仕事がしにくくなることは、一般的に知られていることです。

人は、外部からの気の働きによって、自分の中で潜在的に活動している自分自身が持つ気質に対して、陰気や陽気などの一喜一憂する気の影響を受けています。

この気の働きを知り、プラスの気を活かせば、気質の上昇にともない、人間関係は改善されていくものです。

世界は、気が連鎖することによって活動しています。

人間社会を構成する対人関係の現象も『気の連鎖で活動している』の例外ではないということです。

2　気の巡り合わせ

大自然にあるものは、よくも悪くも、気が連鎖することによって、活動しています。

気には、マイナス要素の陰気とプラス要素の陽気があります。

陰気な人に会うと自分も陰気になる傾向があり、陽気な人に会うと自分も陽気になる傾向があります。

相手に巡り合って気を受け取り、その気の影響で自分の気が相手の気色へと染まり始めます。

逆に、相手にも同様の現象が起こり、一緒にいる時間が長時間になるほどお互いの気質が混ざり合って近づき、なじんで行くということがよくあります。

職場には、その場の空気というものがあります。そこに行くとその場所の雰囲気に巡り合うことで、自分の気分が影響されて変わったりするものです。

人が環境に染まるという現象は自然なことです。

大自然に存在する気質がいい場所を、パワースポットと言います。パワースポットへ行くと、いい気質の影響を受けて自分の気質がよくなります。

いい気質は「類は友を呼ぶ」ようにいい気質のモノに巡り合う現象を起こさせるようになります。

気の巡り合わせのことを運気といい、自分に影響する気によって、ものごとのよし悪しを起こすのです。

気は、高いほうから低いほうへ流れ、強いほうから弱いほうに影響を与えます。

大気では、高気圧から低気圧へ気流として風が吹きます。

人間では、気が強い人から気が弱い人へ、よくも悪くも気の働きが起きます。

人間関係の苦しみは、マイナス要素の陰気が強い人の影響を受け、自分が陰気になることです。

逆に、『人間関係の幸せは、プラス要素の陽気』が強い人の影響を受けて自分も陽気になることが1つの要素です。

陽気になるとは、バカ騒ぎをしたくなるような浮かれた気分のことではなく、自分の潜在的な心の世界に美しく輝きのある気質を持つというものです。

このように、人は自分自身が持つ気質によって幸せになれるものであり、その気質は、巡り会う運気で出会った環境や相手との関係によって左右されるということです。

3　つくられる環境

職場の人間関係で悩んでいる人は、会社で過ごす時間が多い日々の暮らしに気が重くなり、「自分が生きている環境は悪い」と感じます。

対人問題になっているイヤな相手には、気が荒い人、気が強い人、陰気な人、正気でない人など、十人十色と言われるように、いろんな気色、気質の人がいます。

相手のイヤな態度は、内面にある気持ちが現実世界にあらわれるものです。

自分の心の気分も、無意識であっても、態度、表情、言葉遣い、服装に至るまで、自然な状態として現実世界へあらわれます。

人を表現する言葉として、いじられキャラ、お嬢様キャラ、萌えキャラ、傲慢キャラ、ひ弱キャラ、オネエキャラ、おバカキャラ、うんちくキャラ、親分キャラ、クズキャラ、貧乏キャラ、天然キャラ、お笑いキャラなどがありますが、人それぞれが持つ気質を感じ取ることによって、イメージキャラクター的に印象づけられてしまうことがあります。

自然界で生きる動物は、巡り合った生物によって態度を変えます。危険な天敵からは逃げて、エサになる動物には近づく行動をとります。人間も動物として、町で巡り合った危険そうな人からは離れて、飲食店ではお店の人と会話するときに近くなる行動をとります。

人間関係で問題となっている相手も、必ずと言っていいほど人を見て態度を変えています。

自分のことを相手が、いじられキャラで弱そうな人と感じれば強気で攻めてきますし、親分キャラで強そうな人と感じれば弱気になって攻められないものです。

強いか？　弱いか？　わからない場合は、探りを入れるようにして、軽く攻めた反応から徐々に確かめながら、どの程度で危険な状態になるかを測ったりしています。

人間は、人を見て態度を変えます。

相手が自分に対して強気な態度で迷惑な人になっている場合には、相手が強気な態度をとりたい願望があるのはもちろんですが、自分の態度が相手を迷惑な人にしてしまったところもあります。

人には、自分が生きる環境があり、自分の世界が存在しています。

自分の世界の中心は自分です。

自分を中心にして世界は動き、環境はつくられるという自己中心の観点は非常に大切です。

一般的に自己中心的な人物は批判されるものですが、いわゆる自己中心とは、自分さえよければ他はどうなってもかまわないという利己主義のことではありません。

自分の世界に存在している、関係ある人を大切にし、認識できるモノを大切にするという、いい環境へ向け、自分の心の中から気を放つものです。

自分が放つ気を感じ取って相手は態度を変え、周りは影響され印象をつくるのです。

『自分の気質で環境はもちろん印象もつくられる』ものであり、自分の気質が変われば、自分の世界は必ず変わります。

4　人間関係は、関係で苦しむ

問題が起こる原因

人間関係は、出会った相手との何らかの関係があるからこそ、問題が起こる場合があります。

たとえば、地球の反対側のブラジルに住む、名前も知らない男性とは、対人問題は起こることはありません。

自分と相手とがつながる人間同士の関係がなければ、問題は起こらないのです。

人間関係の問題が起こるのは、会社の同僚の関係、友人や知人の関係、自宅の近所の関係、家族や親戚の関係など、相手との関係があるからなのです。

そして、ブラジルの人のように、その関係が浅く遠い人ほど、対人問題は起こりにくくなり、相手との関係が深く近い人ほど、問題が起こる可能性は高くなります。

すなわち、相手との接点を減らし、お互いの関係が遠くなれば、対人問題は軽くなり、相手との人間関係がなくなれば、対人問題はなくなるということです。

そこで、対人問題を減少させるためには、できるだけ相手と会わないように接点を減らすことが重要です。

相手に近づけば近づくほど問題は起こりやすくなりますので、「君子危うきに近寄らず」とあるように、可能な限り距離を置き、関係を浅くすることが必要です。

相手との接点を減らす方法

そして、相手との接点を減らす方法は、実際の人体の距離だけではなく、心の距離を置くことも大切です。

心で相手を気にすることが多くなるほど、気持ちの交流は多くなります。

自分が相手を気にすると、相手もこちらを気になるようになります。

お互いが気にして意識しあうことで関係が深く近くなるので、できるだけ相手を気にせず、気持ちの中での関係もなくすように心がけることが必要です。

こちらが気にすれば気にするほど、相手はこちらの気持ちを感じ取り、相手も気にするようになり、お互いの関係が近くなるものです。

関係が近いと、気になる相手になるし、関係が遠いと、気にならず、自分の気持ちの負担は軽くなります。

お互いの気が合う場合は、気に入る相手になり、人間関係は良好でいられますが、気が合わなくなると、気まずくなり、気分が悪い相手になり、対人問題が起こりやすくなります。

都会の人混みの中では、知らない人ばかりで気持ちの交流がないため、物質的な人体の距離が近い人でも、まったく気にしない相手とは、関係がないかぎり対人問題もないのです。

職場でも、物質的な人体の交流回数が少ない関係であるほど、対人問題も少なくなる傾向にありますが、それ以上に、気持ちの交流回数が少なく、気にならない相手ほど、お互いの関係が遠くなり、対人問題も減少することになるのです。

『人間関係は、気持ちの交流で関係が決まる』ということです。

5　好意的な気を持つ

相手に対する気の紛らわし方

仕事の関係で、どうしても相手を気にしないわけにはいかない場合があります。

人は、同時にいろんな気持ちなることができません。

相手に対するマイナスの気持ちになると、その一色の気で染まってしまいます。

そのマイナスな気を持つことで、不快な気分になり、対人の苦しみにつながるということです。

マイナスな気による対人の苦しみは、気を紛（まぎ）らわせることで楽になれます。

気を紛らすとは、他のものに気を紛れさせるという意味で、他のものごとに取り組んだり、ほかのことを考えたりして、目下心中を占めている悩みや悲しみを忘れさせることです。

たとえば、相手が目の前にいない場合は、本を読んだり、音楽を聴いたり、映画を見たり、運動したり、友達と過ごしたりなど、自分が楽しめることを見つけて行動することで気を紛らわせることができます。

職場での相手に対する気の紛らし方は、仕事の準備や作業など、出勤した目的に意識を向けると効果的に気持ちを切り替えることができます。

気は、目的に向かうと気をそらして紛らすことができるもので、人間関係の苦しみから逃れたい目的があれば、乗り越えた先にある目的に気を向けて、好意的な気を持つことで人間関係の苦しみからの解放を達成させると信じて行動すると効果が得られます。

好意的な気持ちを持つ自分になれれば、「類は友を呼ぶ」ように人生の気の流れが変わり、人間関係以外でも運気は自然といい方向へと進みます。

人の気持ちを感じ取る

陰気な人に会うと自分も陰気になる傾向があり、陽気な人に会うと自分も陽気になる傾向があるように、人間関係がある相手の気を、人は自然に受け取ります。

これはある意味、仕方のないことです。

人の気持ちに敵意があるか？　好意があるか？　動物の本能として多くの人は、無意識に感じ取っています。

敵意がある人に対しては、本能的に警戒して、戦闘態勢になり、攻撃的な構えになって、いわゆる気を許さない状態になります。

逆に、好意的な人に対しては、本能的な警戒がゆるみやすく、戦闘態勢はうすれ、攻撃的な構えになることなく、気を許し合う、友好関係を持ちたくなります。

警戒心が強い人は、なかなか気を許すことはありませんが、好意的な気持ちを持ってくれる人に対しては攻撃しにくいものです。

好意的に思っている人に対しては、攻撃をする意味もないので、わざわざ嫌われて敵にする必要もないのは明らかなことです。

もし、好意的に思っている人に対して攻撃をする場合は、本当に安全な人間であるか？　怒らせたらどのくらいの危険があるか？　などを確かるため、さぐり程度で攻撃をしているのにすぎません。

たとえば、相手が大声で怒鳴って「おい！　作業を忘れているぞ！　何やってるんだ！」と言われたら、「ありがとうございます！　教えていただき、大きなミスにならずに済みました。また何かあったら教えていただきますと助かります」などと答えます。

相手が怒って「おい！　危ないな！　気をつけろ！」と言われたら、「ありがとうございます！　気づかせていただき、ケガで事故にならずに済みました。労災は大きな問題になりますので、今後も危ないことがありましたら、厳しく注意をお願いします！」などと答えます。

相手が攻撃的に文句を言ったときの対応

一般的には、相手が攻撃的に大声で文句を言ってきたら、ムッとして反抗的な態度で作業をしたり、反発して言い訳をしたりなど、ささやかな抵抗を見せます。

この中途半端な抵抗は、相手の想定内のことであるため、継続して攻撃的な姿勢を取り続けたくなるようです。

今回の「気変わり術」では、基本的に、相手が大声で怒鳴り、攻撃的な言い方をしたときには、こちらに敵意がない感謝の気持ちで答えることがポイントです。

このことを繰り返していると、攻撃的な態度を取る多くの相手の傾向として、想定外のことが起こり拍子抜けするようなことが続くと、態度を改めたくなり、大声で怒鳴ったり、怒ったりする回数がかなり減少するようになります。

人間が動物であるために警戒心を持つことは自然なことですが、ほとんどの人に対しては、好意的な気持ちを根気よく持ち続けることで、本当に敵意がないことが相手に伝わり、攻撃的な気を持たなくなります。

『好意的な気持ちを根気よく持つこと』を心がけることで、相手がこちらの気持ちを感じ取り、時を重ねるとともに友好的な人間関係につながってゆくことはとても多いのです。

6　失敗で苦しむ、自分の気持ち

苦しみは失敗によって始まる

人が社会生活を送る上で、何らかの仕事を持ち、そこでの人間関係をつくることは欠かせないものです。

仕事が営業やサービス業であれば、多くの人と人間関係を築くことになるでしょうし、1人で仕事をする作家や専業主婦などであれば、生活に必要な少数の人間関係で済むことでしょう。

いずれにしても、仕事によって差はありますが、多かれ少なかれ人間関係はそこにあるものです。

日本で最も多い仕事人は、会社員、パート、アルバイト、派遣社員など、会社で働いている人たちです。

その働いている人たちの中には、職場内の上司、同僚、部下などの人間関係で苦しんでいる人がたくさんいます。

たとえば1つの例として、仕事をする上で、誰でもミスした経験はあると思いますが、疲労や多忙などによって、気力が低下し、いつもなら気が付くことにも気づかずに、思考や行動が乱れて失敗することがあります。

失敗すると多くの人は、マイナスへと気持ちが落ち込んだり、苦しんだりするものです。

これは、仕事の失敗によって、自分のミスに対してくやむことから始まるのですが、時には、周りに迷惑をかけ、上司や同僚などを怒らせてしまうことがあります。

そんなとき、人間関係が気まずくなり、重たい空気に自分の気持ちが落ち込んで、後悔と反省で苦しむことがあります。

こんなときも、相手が気遣って励ましてくれる人であれば、気持ちは大変救われますが、相手の怒りがおさまらず、強気で圧力をかけてくる人であれば、気持ちは深く落ち込み、ますます苦しむことになります。

このように、自分の気持ちの苦しみは失敗によって始まるものですが、最終的には人間関係における相手の強気なプレッシャーが自分の苦しみとして、とても大きなものになってくるのです。

失敗で始まる人間関係の苦しみは、相手によって左右されます。

しかしながら、これは失敗した人間の気性によっても、苦しみの度合いが違ってきます。同じ失敗でも、まったく平気な人もいれば、とても苦しむ人もいるということです。

平気な人は、打たれ強く楽観的に気にしないところがあり、苦しむ人は、実は人間関係よりも、相手を気にして、自分でマイナスの陰気をつくり出して苦しんでいるということがあります。

相手は自分が深く苦しんでいるような出来事であっても、まったく気にしていないことも大いにあったりもします。

失敗に対しては、必要な謝罪や対応処理を行った後は、今後の仕事で回復するしかありませんので、過去をいつまでも気にして苦しむのではなく、未来に気を向けて前向きに進むことが大切な気の持ち方です。

前向きになるには、マイナスな感情を持つ自分を否定せずに、その感情を一旦は認めてあげましょう。

マイナスな感情は、自分の自然な気持ちです。

自分の気持ちを知ると、自分と向き合うことができます。

その上で、自分はダメだと思っている人は、自分の好きなことや得意なことを見失ってしまっていることが多いため、自分の好きなことや得意なことをすることで、自分に自信を持つことができます。

また、楽しい気持ちや達成感も味わえます。自分の好きなことや得意なことを見つけて、積極的に行うようにしましょう。

また、プラスの気を持つ人は、前向きな言葉や行動で周りの人に影響を与えます。前向きな人と一緒にいると、自然と前向きな気持ちに引っ張られます。

逆に、マイナスな気を持つ人は、陰気な言葉や行動で周りの人に影響を与えます。

陰気な人と一緒にいると、自然と陰気な気持ちに引っ張られます。

前向きになりたいなら、前向きな人と付き合うようにすることです。

悪いことがあるとマイナスな気持ちになるものですが、人生は悪いことばかりではありません。

自分の周りには、たとえ小さなことでも、感謝できることや喜べることはたくさんあります。

たとえば、「今日は天気がいい」「おいしいご飯が食べられた」「仲のいい友達いる」などです。

日々の暮らしの中で、幸せに気づく習慣をつけることで、前向きな気持ちになれます。

前向きな気持ちの人は、自分の周りにある幸せに目を留め、感謝したり喜んだり、いいことに気を向けるプラス思考でいるため、周りからも感謝され喜ばれ、自然といい気を引き寄せて、人生を上昇させる気流に乗っています。

『自分で陰気をつくらないために、人を気にせず、未来に気を向けること』という気持ちを心掛けましょう。

7　失敗は成功のもと

人は怒る気があるから怒っている

生きている中で失敗することは誰でもあることです。

仕事においても人が作業しているため、失敗は発生するものであり、ヒューマンエラーは起こるものとして、改善対策に取り組んで会社は発展しています。

一般的にも「失敗は成功のもと」と誰もが知るところです。

このことを理解している人たちは、失敗自体に対して怒ることが少なく、失敗の対策として作業手順を改善したり、ヒューマンエラーの要因として、失敗した人の仕事量や疲労、悩みなどに着目して労働者のケアを行っています。

一方で、失敗に対して怒り続ける人の傾向としては、失敗した相手によって態度を変えたり、場所によって怒り方を変えたりなど、本人の都合で怒りの出し方を変えています。

怒りとは、本人が自由に調整できるものであり、激怒している人は、怒る気があるから怒っているに過ぎないのです。

職場で怒りたい気を持っている人は、少しでも気に触ることがあれば、すぐに怒ります。積極的になると、「出しゃばるな！」と言って怒り、逆に、マイペースで作業すると「グズグズするな！」と言って怒ることもあります。

言いやすい人には、どっちにしても怒るのです。

人は、怒る気があるから、怒ります。

自分自身の失敗については、反省してあやまることは必要ですが、失敗したときに落ち込む自分の気持ちは、失敗自体に対してよりも、失敗をきっかけにして、職場で怒り出す相手との人間関係によるものが大きいのです。

人間は相手を見て態度を変えます。

激怒する人でも気力が大きい人に対しては、攻撃的な態度を控え、怒る気をなくす傾向があります。

この気力を大きくする方法は、第３章で解説いたします。

『人は、怒る気があるから、怒っているもの』という気持ちを理解しておきましょう。

8　気にしないこと

人の幸せは心に持っている気によってつくられる

人の幸せは、心に持っている気によってつくられます。

心にある気持ちが、幸せな気分であれば人は幸せであり、不幸な気分であれば人は不幸になります。

心に持っている気は、生活している環境や社会活動している人間関係などの影響でつくられます。

そして、もう1つの幸せが、自分自身の内面にある心の世界でつくり出されるものです。

自分の大事な予定は、気にするようにしていると忘れずに行うことができます。

自分の大切な人は、気にするようになり、会う機会をつくったりします。

自分の大事なモノは、気にしたときに見て確認するようになるものです。

人間には、それぞれ自分の世界が存在しています。

その世界では、気にしたものしか存在しないことになっています。

実際に存在しているものでも、自分自身の中では、気にしたものは見えますが、気にしないものは目の前にあっても見えていないものです。

毎日使って見ているスマートフォン、テレビ、冷蔵庫、腕時計、車、仕事道具など、日常的に何度も見ているものを、できるだけ詳しく紙に描いてみてください。

実際に、絵に描いてみると、何度も見ているはずなのに見えていない部分があったりして描けないものです。

自分の世界とは、自分で気にするもの、気にしたことでつくられている認識世界なのです。人生とは、独自で幸せを感じられる認識世界をつくることが目標であるともいえます。

ちなみに、自分自身が現時点で持っている能力を使ってつくり出した、独自の認識世界のことを運気行動学では、自分の創造世界としています。

そのため、自分の仕事、趣味、健康、対人、経済、生活など、技術や知識の能力が高くなれば、自分が生きる環境も変化するため、運気行動学では自己能力と自己気質の向上によって人生を好転させることを目的としています。

現時点の自己能力と自己知識によってたどり着いている現在の位置において、便利な生活環境や良好な人間関係のために気持ちが幸せな気分であればいいわけです。

ですが、不便な生活環境や不快な人間関係のために不幸な気分であれば、居心地の悪い雰囲気の空間から居心地のいい空間へと、創造世界にいる意識体としての自分の位置を移動させ改善しなければなりません。

気持ちは、生活環境や人間関係などの外部からの気の影響を受けて昇降しますが、自分自身の内部から技術と知識によって変化させることも可能です。

苦しい陰気は、気にすると発生し、気にしないと消える

対人問題では、相手にいろいろ言われたり、されたりすることで、気持ちが落ち込みます。また、そのことを思い出すたびに、気持ちが陰気になって苦しんだりもします。

しかし、楽観的な人は、人間関係の厄介なことでも気にしないため、気持ちが陰気にならないところがあります。

気持ちの陰気は、対人現象を悪いこととして気にするから発生するものです。

対人で起こるイヤなことは、気にしないようにすると、陰気は発生しません。

もし、陰気で苦しんでいるときには、バカになって、頭を空っぽにして何も考えず、気持ちを無にしてしまえば、陰気の苦しみもなくなります。

実際に対人でイヤなことが起きたときには、「何も考えない、バカになれ」「頭を空っぽにして、無になれ」と自分に言い聞かせて、思考を停止させて、自分の中に何もない空（くう）の状態になるように努力します。

そして、目の前の作業に集中するなど、体を動かすことに気をそらすと対人の陰気から離れられます。

対人相手を気にして思い出せば、自ら人間関係を深めることになり、対人相手を忘れて気にしないようにする人ほど、人間関係は薄れて、苦しみの元となる陰気は消えてしまうものです。

『苦しい陰気は、気にすると発生し、気にしないと消えるもの』という気持ちを切り替える技術も必要です。

心に苦しい陰気が発生したときに、心から陰気を外へ捨て去ってから忘れるようにする気持ちの切り替え方も1つの方法です。

9　人間ならば嫌われる

いくら頑張っても、嫌われるときは嫌われる

仕事のこと以外でも、人によって感覚的な好みが違いますので、自分の服装や持ち物に不快な思いをする人もいることでしょう。

極端な例では、動物愛護の人は、肉を食べる人に対して「動物虐待」と言って怒りますし、登山で遭難した人の中には、助けてくれた人命救助のレスキュー隊員に怒る人もいます。

このように、人によって価値観や性格の違いがあるため、すべての人に気にいられることはありえないことで、どんなに頑張っている人を見ても、「気に入らない」という人は必ずいるものです。

人間社会に、いろんな人がいる以上、失敗していない人間であっても、

一部の人を怒らせたり、嫌われたりしています。

いくら頑張っても、嫌われるときは嫌われます。

どんなに人気がある有名人や素晴らしい人格者であっても、だれかに嫌われているものです。

まして自分だけ人に嫌われない人間になることは不可能なことです。

もっと高い視点で見るように俯瞰（ふかん）すれば、人間社会で失敗と言われることも、自然界で見れば1つの現象にしか過ぎません。

人間関係は、気の持ち方で、大きく変化するものであり、相手との出来事に対して、気を落として暗くなる人もいれば、成長するための経験として飛躍する気力に変える人もいます。

自分の態度が原因ではなく、相手の人間性によって対人問題が発生することもあり、どんなに親切にしても、不満を言う人は不満を言うものです。

自分がいくら真面目に生きても『人に嫌われることは自然である』ということを受け入れる気持ちを身につけておきましょう。

10　遠慮がなくなる

憧れてくると遠慮なく入り込む態度に気を許さないこと

人間関係で苦しむ場合、「苦しいのはどこなのか？」と言えば、胸の気持ちが苦しいのです。

気持ちの苦しみの原因は、人間関係が気持ちの負担となり、気が弱くなっているからです。

しかし、同じ職場にいながら、人間関係で苦しむ人もいれば、平気な人もいます。

この違いは、なぜ起きるのでしょうか？

それは、気の持ち方に違いがあります。何があっても気にしない人もいれば、些細なことでも気にする人もいます。

要するに、人間関係で苦しむ人は、自分の胸の中で、対人現象をマイナス要素の気として持ってしまっているのです。やさしい人ほど、相手を気にして、気持ちを感じ取り、相手の気が済むように自分の気持ちを押さえて、自らの気を沈めて苦しんでいるのです。

しかしながら、相手の気分をよくするために、自分の気持ちを押さえて、自分の自由を失って、相手に一生懸命つくしても、結果的には、あまりいい関係にはならないことが多いものです。

職場で相手と一緒に作業する場合、始めのうちは、相手の気が済むように、やりたいようにしてもらっていると、こちらのことを一緒にいて気が楽な相手と喜んでもらえる関係だと思い込みます。

ですが、慣れが出て来ると、どんどん遠慮がなくなり、今まで以上に、無茶なことを平気でするようになり、こちらの苦しみは増すことになります。

逆に言えば、自分の控えめな態度が、相手に深くつけ入るスキを与え、なれなれしく無茶をしてくる関係をつくっているとも言えます。

人の行動には、物質的な人体の動きと、気持ちの気の動きがあります。物質的な人体の動きでは、自分が住む家の中に相手が勝手に入り込み、やりたい放題に無茶をされると、非常に迷惑で危険な状態となります。

これが職場の人間関係で苦しむ人においては、気持ちの気の動きで行われていているのです。

相手に気を許してしまうと、自分の気持ちの中に、相手がどんどん強気で入り込んで、やりたい放題に無茶をしてきます。

これは非常に迷惑で危険な状態です。

人体の動きでは、自分の住む家に相手が勝手に入り込むことは許さないように、気持ちの気の動きでも、相手が強気で勝手に入り込もうとするときには、気を許さないで、気力を出して侵入を防ぐ、気構えを持っておくことが大切なことです。

『人は、慣れてくると遠慮なく入り込む』という態度に気を許さないで、自分の気持ちへの侵入を防ぎましょう。

自分の親切や優しさで、親友になる人もいれば、天敵になる人もいますので、人格を見極めて仲よくなるように注意しましょう。

相手の人格に応じた距離感を持つこと

相手のことをあまり知らないうちは、人間関係を築く上で、相手が何を求めているのか、何を隠しているのか、どんな人間関係を築こうとしているのかなど、相手の本音や目的を見抜くことに気をまわす意識が求められます。

逆に、自分のことについては、相手に情報や感情をあまり明かさないで、自分の弱みや隙を見せないようにします。

そして、相手に興味がないふりをしたり、話題を変えたり、曖昧な返答をしたりすることで、自分のプライバシーを守ることが大切です。

また、相手が自分に嘘や誇張、誘惑や脅迫などの言動をしてきた場合には、それに流されずに自分の判断力や信念を持つ必要があります。

相手の言動に疑問を持ったり、相手への証拠や根拠を求めたり、第三者の意見や助言を聞いたりすることで、自分の気持ちや考え方をしっかりと持つようにすることが重要です。

これらは、相手に気を許さないだけでなく、自分の心や身体を守るためにも有効な方法です。

しかし、相手に気を許さないことが常態化すると、人間関係やコミュニケーションに支障が出る可能性もありますので、相手の人格を見極めることができたならば、その人格に応じた距離感を保ちます。

要注意な人には、気を許さない理由や目的を自分の中で明確にして、一線を引いた距離を置いて関わらないようにします。

信頼できる人には、信頼に応じた気の許し方で、最適な距離を持つようにして、いい気を交流させる関係を築きます。

このようにして自分の立場を守る行動が大切です。

11　口は災いの元

悪い言葉の気は災いを招き寄せる

要注意人物として関わりたくない相手のことは、口にしないことが一番です。

相手の悪いことを口にしてはいけないのは当然ですが、いいことでも口にしないほうが無難です。

要注意とされる人は、こちらが善意で発言した話であっても、ねじけた解釈をして気分を害することがあるからです。

言葉の気は、現世に波紋のように影響を与え、必ず、その気は相手に届きます。

相手のためにいいことと思って発言したことが、人から人へ伝わるうちに、伝言ゲームのように本来の内容とは変わって相手に伝わることがあります。

その誤解が解ける人間関係であればよいのですが、相手が口に出さずに誤解したまま根に持ってしまうと、対人問題の大きなマイナスになってしまうことがあります。

なので、要注意人物とされる相手の話題は、何も口にしないのが無難なのです。

相手のことを口にすることは、こちらから相手との距離を近づけるものです。

要注意人物とは、距離を置き、関係をなくすのが一番です。

「臭しと知りて嗅ぐは馬鹿者」との言い伝えがありますが、臭いと知りながら、においをかいで苦しむのはバカなことであるように、要注意人物と知りながら、あえてその危険に近づき苦しむのも愚かなことです。

どうしても職場の関係で口にしなくてはいけないときは、悪い話は黙秘して、いいことだけの内容に徹して、要点が明瞭で簡潔に終わる言葉にするように心がけましましょう。

「口は災いの元」であり、悪い言葉の気は災いを引き寄せますので、自らの発言には十分な注意が必要です。

12　自分でない自分

他人に迷惑にならない範囲で、自分が望む生き方を叶える心構えに

当然のことではありますが、自分の心、自分の体、自分の行動、自分の時間、これらは自分のものです。

しかし、職場の中では、相手の気の強さに自分の心は自由を失い、相手を気にして自分の体は行動を制限され、平等に与えられた自分の時間も好きに使えないことが多くあります。

やさしい人ほど、相手を気にして、自分の態度を変え、気持ちを押さえ込んで、自由を失った日常を送っています。

これは、自分で自分を動かしているというよりも、相手に自分が、動かされている状態です。

このように、相手に指示されて動く人間関係であっても、自分が苦しさを感じず、むしろ、有能な指導者の指示通り動くことで、自分は何も考えることなく楽をして豊かな生活が送れるのなら、それは相手に感謝する関係であり、対人問題の苦しみを感じなければいいかもしれません。

しかし、相手に動かされている状態の人間関係が、気持ちの負担になる苦しみを感じているのであれば、まず、苦しみを軽くしたいと願うのが自然です。

相手を気にして、自分の気持ちを押さ込んで態度を変え、相手に動かされている対人問題の苦しみは、自分が自由になることで消えます。

自分の人生は、自分のものです。

自分の心、自分の体、自分の行動、自分の時間が、自由に解放されれば苦しみは消えます。

相手中心の生き方ではなく、自分の気持ちを中心にした生き方が、幸せな人生を送るための基本です。

自分はどういう人生の道を進みたいのか？　どういう人間になりたいのか？　自分の生き方が気持ちの中にあり、自由な選択と行動で、それを叶えていけるのなら、それは人生の楽しみ方です。

ただし、社会には多くの人が人生を送っていますので、自分が望む生き方を叶えるために、他人の自由を妨害したり、迷惑な行為をしてはいけないということは、当然のことです。

自分や他人の自由は「基本的人権の尊重」の「自由権」で、精神の自由、身体の自由、経済活動の自由が法律で保障されています。

逆に、「自由権」を侵害する迷惑行為は処罰の対象になります。

職場での自由を奪う迷惑行為は、パワハラ（パワーハラスメント）であり、人間関係などの優位性を背景に、精神的・身体的な苦痛を与えることをいい、上司に限らず、同僚や部下も処罰の対象とされるものです。

他人の自由を奪う迷惑行為にならない範囲で、自分が願う生き方を、自由に叶えていく心がけが大切です。

人間社会において、『自分の人生は自分のもの、苦しみは自由になると消える』ということです。

13　器用貧乏な人

自分の気持ちを基準に持つ

社会生活では、相手の気性によって自分の態度を変え、相手のペースに動かされて苦しんでいる人がいます。

これは、自分を動かしているのは自分の気持ちではなく、相手の気持ちに動かされていることになります。

自分の体は自分のものであり、自分の気持ちで自由に動かすのが自然なことです。

しかし現実的には、自分の気が弱いために、相手の気の強さに動かされているということが起こっています。

この状況を変えるためには、相手を基準に行動するのではなく、自分にできるかどうかを判断の基準にすることで、相手に動かされず自分で自分を自由にすることです。

パワハラ的な指示を受け入れるばかりで、心も体も崩壊して重病になることは社会問題にもなっていることです。このようになってしまっては、自分が幸せになるための人生なのに、何のための人生かわからなくなります。

仕事を苦にして自殺する人もいますが、仕事と人の命では、人の命のほうが大切であることは言うまでもありません。

パワハラ的な指示をする相手には、不器用な人ほど動かされないものです。

強気な相手でも不器用な人に対して、やらせようとしてもできないので、あきらめることが多くあります。

器用な人ほど、相手の言うことを何でもできるので、相手の便利な道具のようになって苦しみ、器用貧乏な人になってしまう傾向があるのです。

自分の行動は、相手の強い気に動かされるのではなく、自分の気持ちを基準にし、できることは行えばよいことであり、できないことは相手と交渉したり、他の誰かに相談したりすべきです。

時には、強制労働で重病になるよりも、できない環境での仕事はやめて、別の道を考慮することも必要なことです。

『自分の体は自分の気持ちで動かすもの』という自分の気持ちを基準に持ちましょう。

14　自分の人生の主役は自分

自分の気を中心に向き合う

相手の気の強さに従わず、自分の気持ちを基準にすると、自分で自分を動かせるようになります。

要するに相手に左右されずに、自分の気持ちにしっかりとした軸を持つと、自分の生き方ができるようになるということです。

相手のことを気にする以前に、自分がなりたい自分像を持ち、理想の自分になるという軸をつくり、強い気持ちで目指すことが大切です。

自分の人生の主役は、自分です。

自分の心の中の気を中心にして、人生に向き合うことが大切なことです。

たとえば、
自分は、親切な人になりたい。
自分は、明るい人になりたい。
自分は、役立つ人になりたい。
「こんな人になりたいな」と思った自分像があれば、なりたい自分になることです。

ものごとは、その気になったときに、現実として起こり始めます。

人間関係で相手に接するときでも、理想の自分であるようにして、自分から気力を出して、「相手に親切な気持ちになる」「明るい気分を持つ」「役に立つ気遣いを持つ」などを心がけましょう。

見た目には、これまでと同じように相手を手伝う行動であっても、相手のなすがままに気が弱くなってやっているのか、理想の自分像でやる気を出してやるのかで大きく違ってきます。

これらは心がけるだけでいいものです。心がけ次第で、気の巡りが変わっていい効果が得られ、自分の気を中心にした理想の人生に向かうことができます。

たとえば、職場で挨拶をすることは常識です。

相手が挨拶をしてくれれば、自分も気分よく挨拶しますが、相手が挨拶しない人であれば気分がよくないので、自分も挨拶しないようにしている人がいます。

これは、相手の態度によって自分の行動を変えているため、相手に自分が動かされていることになります。

好感度が高い一流のお店では、お客様の態度によって挨拶を変えたりはしません。

挨拶する人は気分がいい人と感じるのであれば、相手によって態度を変えることなく、知っている人には気分のいい挨拶を行えばいいことです。

それに対する相手の反応は、相手の自由であり、あまり干渉することではありません。

ただし、相手が不機嫌になったり、要注意人物などであれば、その人とは交流しないように気づかないふりをする場合もありです。

これは一流のお店でも、問題となる人に対しては、来店をお断りするケースと同じです。

すなわち一流のお店と同じように、問題ある人とは関係をなくして、それ以外の人へは、気持ちよく交流することを自分で決めて、自らが理想とする人間性に気を向けて、自分が好む自分像をつくり目指すことが重要です。

『自分の人生の主役は自分です。自分の気を中心にして人生に向き合うこと』という気持ちが軸になります。

15　気が向くこと

自分の心に持つ気で自由に動くというのが自由な生き方

人には、自分の世界があり、その世界で生きる自分の人生があります。

自分の人生の主役は、自分です。

自分の世界は、自分の気持ちを中心に広がる世界です。

現在、生きている自分の世界は、これまでの自分の能力と知識によってつくられた世界です。

自分の世界では、自分の観点でものごとを見て、選択し、行動することが可能です。

現実世界を自分の世界と認識していない人は、自分の思い通りにならない現実に苦しむことが多いようです。

人間関係で苦しむ人は、自分の気持ちをおさえて相手の意思を優先するようになり、自分の気持ちに反して相手の意思に従った行動をさせられ、心が気落ちしているケースが多いです。

相手の気持ちが中心となり、その周りで自分が動かされて、相手の気の影響で自分の心が気落ちする環境になっています。

自分の観点でこのケースを見れば、相手に従うことを自分で選択して、自分で行動している環境になっています。

相手との上下関係で従うしかないことかもしれませんが、自分が置かれている現在の環境は自分の観点で見ることができる自分の世界であることに気づくべきです。

自分が置かれている現在の環境は、これまでの自分の技術と知識でつくられた自分の世界です。

現在の環境を変え、自分の気持ちで納得のいく自分の世界をつくりたいと願うのであれば、自分の技術と知識の能力を高めることが求められます。

自分の技術と知識が高まれば、必ず自分の世界は自分の気持ちを活かせる環境へと変わります。

現在でも、そして未来でも、自分が生きる環境の中では、あくまでも相手によってではなく、自分を中心にして、ものごとに気を向けることが必要です。

人は、自分の気が向かないことをするときに苦しみ、気が向くことをするときに楽しくなります。

人は、自分の気が進まないことをするときに苦しみ、気が進むことをするときに楽しくなります。

人は、自分の気に入らない人と一緒のときんい苦しみ、気に入る人と一緒のときに楽しくなります。

人生では、気の持ち方が大切であり、特に人間関係では、気の質、気の強さ、気の向きなど、自分が持っている気の状態がとても重要です。人として自然なことは、気が向くほうを向き、気が進むほうへ進み、気が付くことが見え、気になることに興味があり、気にすることに関わって生きることとです。

生きている人は、自由とは言えませんが、何らかの気に従う生き方をしています。

自由に生きられない理由は、人によって様々だと思いますが、人間社会で生きるための外部からの気の制約によるものが挙げられるかもしれません。

時間的天気制約：仕事や家事などで忙しく、自分の好きなことをする時間がない。

経済的景気制約：お金に余裕がなく、自分のやりたいことを実現する資

社会的人気制約：周囲の目や常識に縛られ、自分の本当の気持ちを表現
　　　　　　　　できない。
心理的勇気制約：自信がなく、自分にはできないと思い込んでいる。
健康的元気制約：身体的な障害のために、公共交通手段の不便さで移動
　　　　　　　　できない。

　これらの制約を認識して、自分が活動する上で支障と感じないほど、十分すぎる広範囲の制約であれば、不満を持つこともなく、自由に生きられるため、自分の気に従った上手な生き方が可能になることでしょう。
　しかしながら、現状の制約に不自由さを感じ、制約範囲を広げたいと願うならば、まず自分がどんな生活を送りたいか？　理想の暮らしを明確にイメージして、現状と理想のギャップを埋めるための具体的な対策を練ることが必要です。

また、理想を現実にするためには、他人の反対意見に左右されず、自分が信じた判断で行動する勇気も大切です。制約範囲を広げて自由に生きることは不可能ではありませんが、それなりの努力や覚悟などの気の持ち方が求められます。

自分の心に持っている気によって、自分に必要な活動範囲で自由に動けることこそが幸せなことです。

『自分の心に持つ気で、自分は自由に動けるもの』ということが人として自然な生き方です。

16　気は自分で変えられる

失敗は気にするから陰気になる

人間関係で苦しむ人は、対人問題の陰気の影響を受けて、自分の中に陰気が多い状態になっています。

気は、高いほうから低いほうへ流れ、強いほうから弱いほうへ影響します。

前にも述べたように、仕事での失態、相手に言った失言など、誰でも気持ちが落ち込むような失敗をして苦しむことがあります。

失敗は仕事において、マイナスとなる陰気な現象ではありますが、自然界の観点では、ただの1つの現象にしか過ぎません。

失敗をマイナスとして、気にして、気にして、気にして、陰気を自分で増幅させ、とても苦しむ人がいます。

失敗は、気にするから陰気になります。

気にすれば気にするほど、陰気は大きく膨らみ苦しみます。

失敗に対して、深く落ち込んで仕事の動きが悪くなると、さらに迷惑を掛けることになります。

そのため、失敗したことは、仕方ないこととして、どうすればプラスに回復できるのか、気持ちを切り替えることが大切です。

失敗の種類

仕事で失敗することは、誰にでもあることです。

失敗の種類には、過失型、不運型、不可抗力型などがあります。

過失型とは、自分の不注意や思い込みなどが原因で起こる失敗です。たとえば、マニュアルを読まずに作業をしたり、確認を怠ったりした場合などが該当します。

不運型とは、自分の努力や能力に関係なく、偶然や運気によって起こる失敗です。たとえば、交通事故に巻き込まれたり、病気にかかったりした場合などが該当します。

不可抗力型とは、自分の意思や行為に関係なく、外部的な要因によって起こる失敗です。

たとえば、地震や洪水などの天災や戦争やストライキなどの社会的事変が該当します。

失敗への対処法

これらの失敗の種類に対する対処法は、次のように考えられます。

過失型の場合は、自分のミスを認めて責任を取り、反省して改善することが大切です。また、ミスを繰り返さないためには、知識や経験を積んだり、注意力や集中力を高めたりすることが必要です。

不運型の場合は、運気を高めることが必要です。運気行動学においての見解では、質の高い気を取り込んで、自己気質を高めると「類は友を呼ぶ」ように、いい運に巡り合うようになります。

不可抗力型の場合は、自分でコントロールできないことを受け入れることが大切です。また、不可抗力に対処するためには、「備えあればうれいなし」と言われるように、リスクを事前に想定して備えたり、事変が発生した際に冷静に対応したりすることが必要です。

失敗した経験を教訓として、たくましく復活すると成長の材料になります。

失敗をマイナス要素の陰気にするのではなく、今後のプラス要素として活かせる人が、向上して行くのです。

失敗は成功の材料

多くの成功者は、失敗を教訓として成長の材料にしています。

成功者がやっている、失敗を教訓に変える方法では、次の3つのポイントを挙げています。

・人間に失敗はつきものだと考えてくよくよしない
・キャリアは一直線でないことを受け入れる
・失敗したと思うことの中に成功の種を見つける

人生に一度の失敗もない人間など皆無に等しいものです。

世界的にニュースとなった大発明や大発見の事例では、何度も失敗を重ねた中から生まれたものが多いことは一般的に知られているエピソードです。

このように歴史に学び、他に先立って事の重要さに気づいて実行した先駆者に続いて、失敗をプラス要素に生かす意識を持って、繰り返しの行動を続けることが大切です。

人間関係も同様に、対人問題の相手は人を見て態度を変えているものです。

相手が、どんなタイプの人に対して陰気な悪態をつかないか？　などを研究して、対処法を発見できれば、自己能力の向上につなげることも可能です。

『失敗を乗り越えて、ピンチをチャンスに変えてプラスの結果を出す』というマイナスをプラスにする気変わりの研究をしましょう。

17 「日にち薬」の時間気力

人生は気の向くほうに展開

人間社会では、自然災害などによって、悲しく苦しい出来事が起こります。

しかし、人間は、悲しみや苦しみをかかえながらも、生活機能を回復させたい気持ちから、気力で活動し、生きる環境をよくするものです。

大自然には、様々な気が活動し、よくも悪くも環境に変化を与えています。

大自然の気の影響は、時間の経過とともに進行しています。

人間も大自然の一部です。

人間関係も同じように、現在の状況が問題をかかえて苦しくても、時の流れの中を気力で活動することによって、生きる環境に変化を与え、いい方向へ進めることができるものです。

人の心にある喜びや悲しみも大自然の気の影響を受けて、時間の経過とともに変化します。

どんなに悲しい陰気な気持ちであっても、いずれ大自然の気の影響＝気力で変わっていくものです。

人の苦しみを月日がいやしてくれることを「日にち薬」と言います。

『心の陰気の苦しみは時が解決させる』という大自然の日々新たな変化の気の力によって、人の苦しみは時空を流れる気流で風化するように過去へ流れ、希望ある未来へ進行し、人生は気が向くほうに展開します。

18 新しい情報へアップデート

自分に新しい情報を上書きして、気持ちに陽気を多くする

人の苦しみは「日にち薬」によって、時間の気力で風化し、薄れて行くものです。

大自然の地形は風化によって変化しています。

地形は、風化以外に人為的な別の気力によって変化させることも可能です。

人間関係の苦しみも「日にち薬」によって風化しますが、地位系の変化と同様に、人為的な別の気力によって変化させることが可能なのです。

人間関係で苦しむのは、対人に関係する悪い情報を心に取り込んで、自

分の気持ちに陰気が多くなっている状態だからです。

バケツに入った黒い水は、白い水を入れることで薄くなります。さらに、白い水を入れ続けると、バケツから水があふれて、黒い水がわからなくなるほど、ほとんど白い水に入れ替わります。

自分を苦しめる気持ちの陰気は、将来をよくする情報や、自分をレベルアップさせる情報など、時間の流れとともに、未来へ向かって上昇するような陽気な情報を取り込むほど、心の陰気の風化が早まり、気持ちは明るいほうへと変化します。

第一印象が悪い人であっても、会うたびにいい対応をされ、新しい情報が入るほど、相手の印象はいい人へと変わるものです。

自分の印象も、いい発言や行動などを繰り返し行って、新しいいい情報を多く受け取った人ほど、いい人として印象を変化させてくれるものです。

対人に関係する悪い情報で、自分の気持ちの陰気が多くなっている人間関係の苦しみは、新しいいい情報を取り込むことで、明るい気持ちへと変化させることができます。

また、自分の印象も新しいいい情報を多く受け取った人は、いい人として認識を変化させるものです。

動物は情報の気の力に強く影響されるものです。

大自然に生きる野生の動物は、目や耳などから得た情報によって行動を変化させています。

天敵を目にしたり、危険な音を耳にしたりすると、その場から遠ざかりますし、エサを目にしたり、仲間の声を耳にしたりすると、そこへ近づく行動を取るなど、得た情報で行動を変えています。

人間も、見たり、聞いたりした情報によって態度を変えるものです。

時間の経過とともにアップデートされた新しい情報を優先し活用する

のが動物の本能であり、自然に従った流れです。

『新しいいい情報へアップデート』をするように、自分に新しいいい情報へ上書きをして、相手に新しいいい情報へ上書きをして、人の気持ちに陽気を多くすることが大切です。

19　対人運気を上昇させる

幸せのカギは人生の３本柱を良好にする

人が幸せになるためには、健康、経済、対人の３つの問題をなくし、良好にすることです。

運気行動学では、健康、経済、対人の3つを「人生の3本柱」としています。

大自然に存在する活動の原動力となる気を自分に取り入れると、「人生の3本柱」の運気は高まります。

山林の気を体内に取り込むと、健康の運気は上昇します。一般的には、森林浴と呼ばれるもので、健康に森林浴がいいことは知られています。

人間関係の対人運を高めるためには、大地の気を得ることです。母なる大地の気は、地球内部から湧き上がるエネルギーであり、人の真心に作用します。

地球内部に活動する気が多く含まれているのは温泉です。温泉浴での裸の付き合いは、人間関係を深めることが、一部の人の間で知られています。

過去にあった出来事で、仕事で大きな商談するときに、温泉浴での裸の付き合いをして、お互いの信頼関係を深めて、商談を成立させるなどがありました。

温泉浴をすると、対人運気が上昇します。

温泉に入るだけで体内に大地の気を取り込むことができ、人間関係に対する自分の潜在的な力が強くなり、人との巡り合わせが好転したり、相手が感じる自分の気の印象が変わります。

しかしながら、温泉浴が手軽にできない人は多いと思いますので、効果としては弱くなりますが、自宅の入浴でも大地の気を取り込むことができます。

お風呂の水は、大地を流れてきた川の水や地下からくみ上げた地下水がほとんどであるため、お風呂に入浴することで対人運気を高める効果が期待できます。

自分で気を体内に取り入れて潜在的な能力を高めることを運気行動学では自力潜気功と言います。

大自然の活動の原動力となる気を自分に取り入れて、潜在能力を高める『潜気功で対人運気を上昇させる』と人間関係の好転が不思議とあらわれたりするものです。

20　最優先される現象

夢を叶える気持ちを一番にする

世界には、いろんな気が渦巻いています。

気は、自然を動かし、経済を動かし、人をも動かす原動力です。

気は、よくも悪くも、気にすれば気にするほど大きくなるものです。

人間関係においても、プラス要素の陽気を持つ人との交流が多くなると、自然とプラス要素の相手と気が通い合う友好関係になるため、相手から活気が得られ、自分の行動にもプラスの変化があらわれます。

このような陽気が飛び交う人間関係は、大自然の一部である人間社会に影響を与える原動力となり、自分の生活環境を変化させる気が働くようになります。

「夢は願い続ければ叶う」と言われるように、願いは本人が持っている気を使うことで現実にできます。

本当に叶えたい夢ならば、心に「叶えたい」という気を持ち続けると、世界中に散っている夢に必要な気が反応して、徐々に自分のもとへと引き寄せられます。

人間関係を気にすることに多く時間を費やす苦しい現実でも、これからの夢や希望を気にすることに多く時間を使えば、時空の気流が変わり、夢や希望を叶える方向へ人生が進むことになります。

気は、低いほうよりも高いほうが性質は高まり、弱いほうよりも強いほうが気の動力は増します。

人は、陰気の状態から陽気になると気が楽になり、軽快な行動をしますし、弱気な状態から強気になると気が大きくなり豪快な行動をします。人間の機能では、同じ時刻に多くを考えたり、いろんな行動をしたりできないものです。

気になる相手がいても、それ以上に気になることが出てくれば、そちらに時間を多く使うようになり、相手を気にする時間は減るものです。人は夢を追いかけ、気を向ければ向けるほど、夢を叶えることに使う時間が最優先となり、自分の気持ちが、夢を叶えることでいっぱいになると、人間関係を気にすることが小さくなります。

また、その気の性質で「類は友を呼ぶ！」ように、夢を叶えるために必要な人との巡り合わせがあり、交流する人間関係も変化して行きます。『夢を叶える気持ちを一番にする』と希望ある未来へ陽気を持つことになり、自分の気質が高まり、自分と交流している人間関係が入れ替わり、人生の軌道は上昇する方向へと転換します。

第3章　気を強くする戦略法

第2章の「心を楽にする気変わり術」では、自分自身の気を変化させることが主体となって、人間関係の苦しみを軽減させる方法でした。この方法を利用するだけでも多くの人は、苦しみの軽減につながることと思います。

第3章の「気を強くする戦略法」では、人間関係の苦しみがさらに軽減するように、より大きな効果を狙って行うものです。気の働きを知り、気の力を活用することで、相手の迷惑行為を減少させ、有害な態度の改善をうながすための方法となります。

気変わり術は、自分自身の気質を高めて、人間関係を総合的に改善するために最も必要な方法ですが、気の戦略術は、人間関係の問題となっている相手を対象にして、気の働きによって、相手の態度を変化させるために大切な方法です。

戦略とは、総合的な戦いに勝つ目的が達せられるように、前もって考えておく手段のことであり、実戦的な戦闘をする前に勝利して、戦いを省略することです。

人間関係においても、実戦的な戦いをすることよりも、戦わずに相手との関係を変化させ、苦しみをなくすことは可能です。

大自然の現象として、気は高いほうから低いほうへ流れ、強いほうから弱いほうへ影響するようになっています。

大自然の一部である人間関係でも、相手よりも自分の気が強くなれば、相手は影響を受けて変わります。

しかしながら、やさしい人ほど気を強くすることは困難なものです。

ここで言う気とは、一般的にいう気持ちの気のことです。

実は、気というものは気持ちの中だけではなく、大自然の様々なところに存在しています。

気とは、大自然の現象の根源的なエネルギーのことであり、それに伴うエネルギー活動のことでもあります。

そのため、世界に存在するすべてのものがエネルギー活動のための気を持っています。

つまり、世界のものごとの原動力となるものすべてが気ということです。

これら世界中にある気を、あなたの活動の根源的なエネルギーとして使うことで、気を強くすることが可能になります。

要するに、大自然や人間社会にある気を、自分を援護する気として使えるようにして、自分の活動の根源的なエネルギーにするのです。

つまり、『総合気力が強くなれば、人間関係は優位になる』というのが戦略法です。

では、大自然や人間社会にある気を利用して、あなたの気を強くする方法を見てみましょう。

1　権力を借りる

権力の気を自分の気としてしまう

人間関係において、1対1で問題となっている場合は、相手に影響力がある人に仲裁に入ってもらうことです。

一般的な職場では、それは上司の役目です。

上司は権力を持っています。

権力は人を動かす力があり、強い気を持っているものです。

会社にいることが苦しくて退職を願い出たところ、対人問題が原因と上司が知り、仲裁に入り問題解決することで、退職することなく仕事を継続できた人がいます。

もし、上司が問題解決に取り組んだ際に、対人相手が上司に逆らえば逆らうほど、仕事がしにくくなったり、部署の移動をしたり、給料に影響したりなど、自分で自分の首を絞めて苦しむことになります。

会社として、双方の接触を減らし、距離を置く対策をすることになれば、相手は対人問題以上に自分の生活に影響してくるので、問題を終わらせる結果になることが多くあります。

職場での権力は強ければ強いほど効果があり、上司が持つ権力の気の力を借りて、結果的に自分の気力にすることが可能になります。

これが、職場の権力の援護を得ることで、権力の気を自分の気力として使うという方法で、『権力を借りて気力にする』という戦略法です。

2　役職の肩書きを持つ

自分が昇格して自分の権威の気を強くする

前項で述べたように、職場で上司が持つ気の力は大きいものです。

自分自身が役職の肩書きを持つように偉くなれば、自分が権力を持つことになり、気が強くなれるので優位に立つことができます。

会社の役職者になり、上司として相手を評価査定する立場になると、権威の力を得られて、自分の気力は強くなります。

相手は、自分と同等、または、下の立場と思っている人に対しては攻撃的、強気になれても、自分よりも上の立場の人に対して攻撃的な態度はとらないものです。

もし、攻撃的な態度を取れば、自分が苦しみ損をすることが理解できるので何もしなくなります。

この方法は、時間がかかるかもしれませんが、長期的な人間関係となる場合には、将来的に効果的と言えます。

長期的な手段として、自分が昇格していく努力で、『自分の権威の気を強くする』という1つの戦略法です。

3　看板を背負う

会社の権威を借りて気を強くする

これは、会社組織、労働組合、株主団体など、相手より権力ある組織に所属して、組織の意向として発言や行動をするという意味です。

思っていることをはっきり言えない人であっても、組織の一員である立場の力を借りて、後ろには会社組織が付いているという看板を背負い、自分としてではなく、上司から指示されたこととして、発言や行動をしている気持ちになると、気が強くなれるところがあります。

他人に対して働きかけるとき、人間の性格的な気質として、自分のために自己判断で行うことには気が重くなりがちですが、人に指示されて、人のために行うことには気が楽になったりします。

同じ発言をするときに、自分のことばでは言えないことも、上司のことばを伝えることならば、きびしい内容でも平気で言えたりするものです。

会社側の人間となり、会社に背中を押してもらっている気持ちになり、会社の権威を借りて、上司の指示で動くようにすると気力が上がります。

『後ろに組織の看板を背負う』という気を強くする戦略法です。

4　集団の気を集める

集団の力を借りて気を強くする

職場に多くの同僚がいる場合には、対人問題となっている相手と自分では、どちらに問題があるのか？　見極める方法があります。

それは、相手がどれくらいの同僚から嫌われているか？　ということです。

相手のことを10人中1～2人くらいの同僚しか嫌っていなかった場合は、周りからは、相手よりも自分のほうが悪いと思われている可能性がありますので注意が必要です。

もし、自分が多くの人から嫌われていると思ったときは、同様の人間関係の苦しみを、どこへ行っても繰り返しやすいので、自分の素行の改善が求められます。

自分とは逆に、相手のことを10人中8～9人の同僚が嫌っている場合は、相手のほうが悪いと思われている可能性が高いです。

相手の態度で、同僚も嫌な経験したことがあれば、共感する人が増え、1人が持つ気の力は小さくても、数多くの気が集まることによって、自分と同じ方向へ流れる気が、援護する追い風の力として気が大きくなります。

相手は逆風の力に押されて、気が小さくなるものです。

民衆の力は集まると巨大となることから、会社内でも同僚に嫌われない態度を心掛けて、できれば1人でも多くの人脈をつくることが望ましいです。

人脈づくりの方法としては、職場内で人が集まるところに、顔を多く出すようにして、気持ちを明るく陽気を保つことです。

あなたから陽気を受け取った人は、知らずのうちに気質が上がるので、あなたに好感を持つようになります。

このようにして、1人でも多くの仲間を集めるということは、いざというときに心強くなりますし、また、日常業務においても、協力的な人脈となりますので、仕事にもプラスの効果を得られます。

軽い羽根ですら、積もれば船を沈める「積羽舟を沈む」のように、1人の気力は小さくとも、多勢になれば、相手を沈める大きな気力となります。『集団の気を集めて強くする』という戦略法です。

5　専門家の力を借りる

専門家の力を借りて自分の気を強くする

現代では、戦いのプロとされるのが、弁護士です。

現状を相談することで、戦い方のアドバイスがもらえます。

費用的なことで心配であれば、市役所に無料で弁護士相談できるところがあります。

また、各県の弁護士会でも低価格で相談を受けています。

弁護士が対人相手と実際に交渉することになれば、高額な費用が必要になることもありますので、いざというときのために「弁護士費用保険」という保険もあります。

弁護士が付いている人には、パワハラ、セクハラなど、対人問題の防止策としても効果が出るものです。

相談できる弁護士を用意しておくことは、強力な見方を付けることになりますし、普段でも精神的に心の支えにもなってもらえ、大きな気力になります。

『専門家を気力にする』という戦略法です。

6　経済力を強くする

経済力で自分の気を強くする

個人の戦力を強化するための大きな要素として、経済力を高めることがあります。

財界のフィクサーと言われた在日韓国人の許永中（きょえいちゅう）

氏は、イトマン事件をはじめとする数多くの巨額取引をまとめた経験から「大金を積まれて首を縦に振らなかった人間は1人もいなかった。99%の人は、金を積まれれば態度が変わる」と断言しています。

善悪は別にして、金銭は強い気を持ち、人を動かす力があります。

経済力を高めるとは、一般的に金銭を多く持つことであり、さらに収入を増やすことです。

会社で収入を増やす方法は、役職になる、資格をとるなどがありますが、会社以外では、副業をするなどもあります。

人が幸せを感じるためには、人間社会においての「対人」「経済」「健康」の苦しみをなくし、良好な状態であることが重要です。

人間社会は自然界の一部であるため、自然界の気流が天気を変化させるように、人間社会も気の流れによる巡り会わせで「対人」「経済」「健康」の現象が変わり、浮き沈みが起こります。

この気の巡り合わせのことを「運気」と言います。

自然界の気象から、人間社会の人気、景気、元気の現象にいたるまで、気全体の巡り合わせについて学び、人生の苦しみを軽くして、自分の向上に役立てるのが「運気行動学」です。

運気行動学について、詳しく知りたい方は、「運気行動学　山下悦史」と検索いただければご覧いただけます。

人間社会では、経済力はとても重要な要素であり、人間関係において、経済力が高い人には、多くの人が好意的な協力をする傾向も見られます。

また、経済力がある人は、対人問題だけではなく、自分の人生を生きて行く中で、できること、手に入れるもの、環境を変えるなどの選択肢が広がります。

経済力は、自分が持つ大きさに比例して、個人の気力を強くするものです。

『経済力で個人の気力を強くする』という戦略法があります。

7　情報の力を利用する

情報の力で自分の気を強くする

現代社会にあふれている情報は、多種多様で大きな力となる気です。

情報は、世界中の国が軍事利用するほど大きな戦力となるもので、実践的な戦闘をする前に情報戦略という手段を取っています。

人間関係も同様に、情報を利用することで、相手の攻撃的な態度を控えさせ、情報戦略の駆け引きで自分の身を守ることが可能ということです。

たとえば、職場で相手の頭が上がらない人が、あなたの味方になったという情報が流れれば、相手の態度は変わることでしょう。

あなたは何もしなくても、情報の気力で相手は影響を受け、人間関係の立場は変化します。

あなたにいい情報が入れば、あなたの気は変わります。

同様に、相手にも情報が入れば、相手の気も変わるものです。

相手はあなたのことをどういう人と思っているかが、最も大切なことです。

あなたを攻撃すると、反撃されて痛い目に遭うと、相手が思うようになれば、相手の態度は変わります。

これまで、お伝えしましたように、あなたの人脈、あなたの権力、あなたの経済力、あなたの組織など、あなたが総合的な戦力を大きく持っている人という印象があれば、人間関係の苦しみは軽くなります。

相手が知らないところで、あなたが活動を行って、人脈、権力、組織、経済力などを高めれば、相手は勝手にあなたが持つ潜在的な力は大きいと思い込み、今後の展開を想像して、自然と態度を変えます。

自分から口外しなくても、活動のうわさが流れたり、あなたから発せられる雰囲気など、自然と感じ取れる情報の力で人間関係は変わるものです。

情報は非常に大きな気の力を持っています。『情報の力を利用する』という戦略法です。

8　譲れないものを持つ

譲れない本気を持つ

自分がとても大切にしているものに対しては、意地でも貫き通す気持ちになり、何があっても絶対に譲れないという本気があれば強くなれるものです。

たとえば、肉体的な腕力がないオタクのような人に見られることですが、自分が熱中している趣味のことになると、常識を超えた熱の入れようで、怖さを感じるほどすべてをかけて、本気で取り組んでいるケースがあります。

普段は、おとなしく静かな人であっても、趣味に対しては、異常なほど熱くなり、わき目もふらず本気で集中してしまい、他人が入り込めない世界を持つことがあります。

相手は本気であるか、無意識にでも様子を見ながら、試すことをしたりするものですが、ブレることなく常識を超えた本気があることが伝われば、相手はあきらめて気が引けるものです。

気持ちに本気で譲れない熱量を持つことができれば、心の中に大きな気の力が生まれ、圧倒する気を相手は感じ取り、手を出しにくくなります。

『譲れない本気を持つ』という戦略法です。

9　決死の覚悟を持つ

いざとなったら捨て身で反撃する

人間関係の問題では、どちらが「正しいとか」「まちがっているとか」が争点となることがあります。

このようなときに、正当な判断で正誤の判断をするのならば、これも必要なことです。

しかしながら、相手によっては、こちらにまちがいがなくても、理不尽に攻撃してくる人がいます。

このような人には、人間的な話し合いでは解決できないケースもあります。

人は、人間である前に動物です。

自然界の動物たちは、弱肉強食の生死をかけた争いを日常としています。

襲ってくる天敵に対しては、回避する方法を使ったり、時には、決死の覚悟で反撃したりして、野生の動物たちは生き延びています。

人間も動物である以上、人間的な話し合いで解決できない相手に対しては、いざとなったら野性的な決死の捨て身で反撃するくらいの覚悟を持つことも1つの方法です。

動物的本能が高まる本気の覚悟ができた人は、苦しい気持ちが軽くなり不思議と楽になります。

そして、覚悟の気迫が大きいほど、相手は警戒して気持ちが引けてしまい、こちらに覚悟があるうちは、攻撃されずに時が過ぎてゆくケースは多くあります。

たとえば、相手と同じ場所で働くことに限界を感じたら、覚悟を決めて、本気で自分の考えを伝えることも、時には必要です。

相手が強気で攻めてくるときは大声で怒鳴る覚悟で対応

相手が強気で攻めてくるときには、大声で怒鳴る覚悟で対応します。

動物学的には、危険を感じるものに対しては、攻めることを減らし、距離を置く習性があります。

心理学的にも、怒る態度を見せることで、相手や周りの人の見る目が変わり、心境や態度にも警戒心があらわれ、相手はこちら側を見下せなくなります。

すぐに実践するのは、とても難しいことであるとは思いますが、相手に対して現状の繰り返しの対応では、人間関係の状態も同じことの繰り返しになるのは明らかです。

強気で大声を出す自分の大きな変化は、相手だけではなく、周りの人たちも見る目が変わり、自分の人間関係の状態を大きく変化させることを知識として知っている人と知らない人では、内面に大きな気質の違いがあります。

すぐに実践するのは難しくても、強気の大声を出すと、自分の人間関係は変化することを認識しておいて、チャンスがあれば勇気を出して人前で実行してみようと思っていると、条件がそろったときに、自分の殻を破ってできることがあります。

自分とは思えないような行動ができた瞬間から、過去の小さな器の自分から、精神的な器がひと回り広がった新しい自分へと覚醒して、人生の軌道が変わるターニングポイントになることを感じられることと思います。

人は、心の試練に巡り合うことがあります。その試練を乗り越えたときに、一段とスケールの大きな人間に進化するものです。

人は、自分が持つ精神的な器の外にある新しい世界へ飛び込むときは不安がともない、足がすくんで行動できないものです。

しかしながら、自己の器の淵にある精神の壁の外へ勇気を出して飛び出した瞬間に、自分の精神世界が未開の地へと広がり、人生の未知なる展望の幅も大きく広がるのです。

自分の決心を強気の大声で言い返す

大人しく優しい人は、喧嘩になることを恐れて、怒れないものです。

ここで大切なことは、自分が持つ決心を、強気の大声で表現することが必要です。

そのため、喧嘩を売るような相手の誹謗中傷や脅し文句が必要というわけではなく、次のような言葉で自分の強気な思いを言い返します。

・私は確認したかったら聞いたんです！

・私は心配だったから言ったんです！
・私は一生懸命やったけどできなかったんです！
相手を攻撃するような言葉でなくても、自分が持つ決心した意見を強気の大声で表現することで、こちらが持つ潜在的な強気を相手は感じ取ります。

そして、動物の本能的や人間の心理的にも、相手は攻めるかかわり方を減らし、距離を置く習性が働くようになります。

時には喧嘩も構わない

時には、喧嘩になっても構わないという覚悟も必要です。

覚悟がない人は、自分の人生の大切なときを失いますし、覚悟がある人は、自分の人生の大切なときを切り開けるものです。

もし、覚悟を持つきっかけとなる情報がほしい人は、本書に記載された内容を繰り返しご覧いただき、ご参考にしていただければと思います。

また、実際に喧嘩まで発展することは少ないですが、本当に喧嘩になってしまった場合には、この後に説明された状況へと展開し、自分が正しければ、勇気ある行動がよりいい未来へ道を築くことになるでしょう。

覚悟ある人は攻撃されにくい

現状の自分は非常に苦しんでいて、何もしなければ、何も変わらず苦しみは続くばかりです。

逆に、相手の攻めがエスカレートするように変われば、こちらの苦しみは増えて悲惨な状態になり、最終的につぶれる方向へ進みます。

何もしなければ、どうせ苦しみが続くばかりですから、喧嘩になって苦しんでも同じことです。

もし、喧嘩になると現状は大きく変化します。

喧嘩による狂気が渦巻く環境では、周りの人も無視できなくなり、事態の収束へ気の流れが変わります。

喧嘩のよし悪し判別は、喧嘩した２人がするのではなく、周りにいる第三者がするものです。

職場の管理者によって、悪い人の改善や移動させるなどが行われ、劣悪な環境から事態は動きます。

もし悪い人が反発してエスカレートすれば、警察や弁護士の介入によって人生が転落するようになります。

覚悟があれば人は楽になり、決心すれば事態は動くものです。

「異動や退職させられてもかまわない！」という覚悟をもって伝える気持ちの強さも望まれます。

または、実際に言葉に出さなくても、その気持ちを秘めて、いざとなったら大声で怒鳴る覚悟を持つだけでも、気持ちが強くなり現状が変化することもあります。

もし、相手の態度が変わらなかったり、悪化したりするようであれば、本当に上司に相談したり、状況に応じては、第4章の「逃げ道を持つ保険対策」が必要になります。

また、第4章の「逃げ道を持つ保険対策」は、心の支えとなり、さらに気持ちの強める方法として覚悟がしやすくなるものになります。

『覚悟ある人は攻撃されにくく、自分の気持ちも楽になる』という野性的な気迫の戦略法です。

10　苦しみから新しいものは生まれる

関係改善の判断力を身につける

苦手な人との人間関係は大変苦しいものです。

人はいろんな苦しみを体験するものですが、苦しみには悪いことばかりではなく、自己能力の向上につながる一面もあります。

特に、各分野の歴史を見ても、苦しみの中から新しいものが生まれることが多くあります。

研究、記録、出産、冒険、起業、発明など、苦しみの壁を乗り越えたときに飛躍できた人は、たくさん存在しています。

人間関係でも、苦しみの中から、新しい発見があり、自己能力を向上させ、新しい自分に生まれ変わることがあります。

歴史に名を残すような著名人も、苦労を重ねて力を付け、苦しみを乗り越えて、新しいものを産み出し、金字塔を立てています。

人間関係の苦しみを消すために、相手との関係はなくしたいことですが、関係の問題が改善され、苦しみが解消すれば、人間関係を継続させていくという選択も可能なことです。

苦しみの中から各分野の新発見、新記録、新理論、新機能などの新しいものは多く生まれることがあるため、人間関係も苦しみからの学びによって、新しい能力を持った自分が生まれる可能性を秘めています。

この気持ちを意識すれば、心に新しい気力が生まれたりするものです。

『苦しみから新しいものが生まれる』の意識で心の器を広げ、関係改善への新能力を身に付ける戦略法です。

11　待っている人のために行動する

自分の表現活動を待っている人のために行う

人間は、１人で生きていくことはできません。

衣料関係の人のおかげで、衣服を着ることができます。

食品関係の人のおかげで、食料を食べることができます。

住居関係の人のおかげで、住宅に住むことができます。

人間である以上、誰かのお世話になって生きているものです。

逆に、生きている人間であれば、誰かの役に立っています。

衣服を着ることで、衣料品関係の人の役に立てています。

食料を食べることで、食品関係の人の役に立てています。

住宅に住むことで、住居関係の人の役に立てています。

あなたの行動は、社会の人たちの役に立っているものです。

行動とは、自分の気持ちが表現されたものです。

着たい衣服、食べたい食料、住みたい住宅など、自分の行動の多くは、自分の気持ちによって表現されています。

職場においても、自分の気持ちが表現されている活動が多いものです。

社会には、あなたの気持ちが表現された行動を待っている人は必ずいるのです。

あなたの行動は、自分のためだけではなく、あなたを待っている人のための活動でもあります。

私自身にも、この著書で「大勢の人を救える」というようなうぬぼれた気持ちはなく、1人でも人間関係の苦しみから、気持ちが楽になる情報として役に立てればという願いがあります。

人間は、1人で生きていくことはできません、人は、誰かのお世話になり、誰かの役に立っています。また、人は、誰かに嫌われていますが、誰かに好意的に思われてもいます。

1人では生きていけない社会の人間関係の中で、あなたの生き方が人の役に立ち、あなた自身からプラスの気を得ている人もいるものです。

1人では生きていけない社会の人間関係の中で、『あなたの表現活動を待っている人のために行う』という気持ちで行動すると「継続は力なり」の根気ある生き方となります。

12　戦いを略する

自分の職場に適応する戦略を生み出す

人間関係の問題は、相手のデリカシーのない気持ちに問題があり、あなたをなめてかかり、相手よりも弱い人間と思っていることに原因があります。

そして、あなたに対する不快な気持ちをエスカレートさせて、強気になった相手の行動が対人問題へと発展するものです。

この問題を解決するためには、あなたが強い人間であると相手に思わせて、あなたとトラブルになったらマイナスになると思わせれば、相手の戦意の気が小さくなります。

相手と戦争することは最終手段です。

戦争は基本的にするべきものではありません。

戦争には、労力、時間、資金を使うため、勝っても負けても傷ついて戦いの代償を払わなければなりません。

戦略法とは、戦いを略する方法のことであり、戦争しないで相手よりも優位に立つ方法です。

要するに、自分の戦力になる気を強くすることで、相手の気を小さくして、戦いを略する方法として紹介しています。

相手との争いをなくすために、『戦いを略する戦略法を身につける』ことがとても大切です。

読者の皆様の職場環境が異なるため、対人関係に必要な対応手段は、これまでの内容を材料にして、自分の職場に適応する戦略法を現場にいる本人が模索し、生み出すことが必要になります。

第4章　逃げ道を待つ「気持ちの保険」の対策

1　避難路の確認

逃げ道は多く準備する

人間関係で問題が発生したときのために、逃げ道として避難路をつくっておくと、いざというときのための保険になります。

逃げ道は1本だけではなく、多く準備しておくほど、心の安心につながります。

弁護士への相談

1つ目は、第2章の「気を強くする戦略法」でもお伝えしましたが、相談できる弁護士を用意しておくことです。

費用的なことで心配であれば、市役所に無料で弁護士相談できるところがあります。

また、国によって設立された「法テラス」や各県の弁護士会でも無料や低価格での相談を受けています。

そして、実際に交渉することになれば、高額な費用が必要になることもありますので、いざというときのために「弁護士費用保険」という保険もあります。

本当に困ったときに避難できるように、連絡先を準備して、すぐに相談してもらえる体制があれば、大きな心の支えになります。

国による設立の弁護士団体・日本司法支援センター「法テラス」

ＵＲＬ：https://www.houterasu.or.jp/

社労士への相談

２つ目は、全国社会保険労務士会連合会の社労士への相談です。

職場環境による人間関係などは、全国社会保険労務士会連合会が「社労士110番」「総合労働相談所」など、職場のトラブル相談ダイヤルや相談所を設置しています。

労働・社会保険・個別労働関係紛争の「全国社会保険労務士会連合会」

URL：https://www.shakaihokenroumushi.jp/

警察署への相談

3本目は、警察署への相談です。

脅しや傷害犯罪などがある場合は、近くの警察の相談所の電話番号や窓口の確認をして、すぐに連絡できる準備をしておくことも必要です。

犯罪や事故に当たるのかわからないけれど、警察に相談したいことがあるときには、警察相談専用電話「＃9110」番をご利用ください。

全国どこからでも、電話をかけた地域を管轄する警察本部などの相談窓口につながります。

実際に犯罪行為が発生したら、できるだけ早く（事の重大さを表す場合に望ましいのは24時間以内）に警察へ相談する緊急性が大切です。

犯罪行為に該当するのであれば、被害にあったことを警察に知らせる「被害届」を提出します。

警察の捜査が入ることで、刑事訴訟の手続をすることができ、起訴された相手（被告人）が「犯罪行為を行ったのか？」「刑罰を科すべきか？」などについて、判断する刑事裁判が可能になります。

個人の権利のことであれば、民事訴訟の手続により、人身損害に対する損害賠償や雇用問題、その他、人と人、会社と人などの私人の間の紛争を解決するための民事裁判が可能です。

民事訴訟は、訴状を地方裁判所に提出する必要がありますので、訴状をご自身で作成するか、弁護士に依頼するか、司法書士に訴状作成のみを依頼するか、いずれかの方法による訴状の用意が必要です。

書類作成や問題解決の順序など、総合的に「法テラス」などの弁護士に相談することが、早い結論に達する可能性が高いものです。

犯罪や事故に当たるのかわからないけれど、警察に相談したいことがあるときは、次に紹介するものをご利用ください。

#9110番（警察相談専用電話）

「警察庁」から各都道府県「警察」相談窓口

URL：https://www.npa.go.jp/higaisya/ichiran/

医療機関への受診

4本目は、医療機関への受診です。

精神的に大変苦しんでいるのであれば、体調不調として病院に相談することもできます。

医師や臨床心理士などが、医療支援として身近でサポートしたりしてくれます。

また、人間関係や職場環境が問題であれば、病院から警察へ連絡が行き、大きな力で解決に取り組んだりもしてくれます。

体調不良の場合には医師が出す診断書をもらうことが可能です。

診断書は、とても強い力を持っていますので、会社側は問題解決の対策を必ずと言っていいほど行います。

相手への改善指導や担当職場移動するケースと自分への改善指導や担当職場移動するケース、または、その両方によって問題解決をすることがあります。

会社への診断書の提出は、「諸刃の剣」で、強い力で会社を動かしますが、対人相手に対処することもあれば、逆に、自分だけ対処されることもあり、職場環境に適応できずに体調不良になった人は、二度と同じ職場に帰れなくなる可能性もあります。
具体的には、職場の異動によって早期に解決させることがありますので、慎重に行うことが必要です。
どうしても対人相手がいる職場環境に耐えられないときは、診断書を活用すると、会社を動かす大きな力を発揮してくれます。
厚生労働省指定「労災保険指定医療機関」検索・一覧
URL：https://rousai-kensaku.mhlw.go.jp/index.php
URL：https://rousai-kensaku.mhlw.go.jp/list.php
このように、いざというときは1人で悩むことなく、弁護士、社労士、警察署、病院など、すぐに相談できる連絡先を準備しておくことです。
そして、実際に活用して納得がいかなければ、あきらめることなく、セカンドオピニオン的に、別の所へ相談することも必要です
市から県の機関、県から医療の機関への変更や、隣接する市や県の機

関も考慮してもいいでしょう。

セカンドオピニオンで病院を変えると、医師の見解や設備技術の違いで治療法が変わることもあるように、人間関係の相談も機関や担当者によって対処法が変わったりします。

納得がいく機関が見つけやすいように、いくつかの『避難路の確保』をしておきましょう。

2　転職の候補

転職先で必要な資格と技術と準備

大自然では、環境によって起こる現象が変わります。

地球環境の悪化によって、巨大台風、干ばつ、豪雨などの異常気象が発生しています。

環境の悪化に対応できないと農作物は不作になり、動物も環境の悪化に対応できないと絶滅危惧種になります。

そのため、地球環境がよくなるように、ＣＯ２削減の温暖化対策をしています。

また、農作物は飼育設備の強化や生産地を変更したり、動物は繁殖しやすい保護区に移動させたりしています。

人間も同様で、苦しみの原因は環境です。

環境がいいと優秀な人材が育つこともあれば、悪いと面倒な迷惑者になることもあります。

職場の人間関係の苦しみも、環境が原因です。

職場環境が改善されれば問題ありませんが、改善の見込みがなく、今後も職場にいることが苦痛に感じるのであれば、転職を考慮することも必要です。

このときに困ることは、金銭的に生活が苦しくなるという心配があることです。

転職を考えたときに、生活の苦労を少なくするために、転職先で必要な資格、知識、技術を準備しておくことも大切です。

仕事をするためには、技術が高いことや知識が多いことは基本的なことです。

学校の勉強において、不得意な科目があるのは、単純にその科目の情報が少ないからです。

その科目の情報を増やせば、得意な科目に変わります。

情報は、ものごとが動くときに必要な原動力となる気です。

得意な仕事を持つためには、その仕事の情報を増やすことが必要な事です。

いざというときのために、『収入源を確保』できるようなスキルを持つ準備をしておきましょう。

自分が身につける資格、知識、技術によっては、経営者になることも可能です。

経営者になれば、職場の対人問題は激減します。

極端に言うと、自分1人で会社経営することができれば、従業員がいないため、職場の対人問題が起こることはありません。

経営者とは、職種、人材、時間、機材など、自分が仕事しやすい環境をつくることも自由だからです。

「転職したらこんな風に生き生きと働いていきたい」という目的に気を向ければ、「転職がうまくいくかどうか」という不安は相対的に小さくなります。

未来への生き生きとした目的に気を向けることで、希望に輝く前向きな気持ちになれます。

あとがき

人間関係の問題は、現実世界で存在する相手と苦しい関係になっていることが問題です。その苦しみは、自分の心が苦しんでいるのです。言うなれば、相手が現実世界だけではなく、あなたの心の中にも存在し、自分の心の世界にいる相手との関係で苦しんでいるということです。

人間関係の問題は、相手との関係の問題であり、関係がなくなれば問題もなくなるのです。

自分の人生は、自分のものです。

相手を変えることはできません。しかし、自分は変わることができるのです。

人を対象にせず、自分がどういう人間になるかが大切です。

相手を気にすることに、心の時間を使うよりも、自分の成長のために時間を使うほうが、将来の人生がとても明るいものになります。

人は幸せなるために、生まれてきているのです。

職場の人間関係で苦しみ続けるのは、生まれてきた意味がありません。

この著書を参考に、人間関係の苦しみから解放されて、明るい人生を送っていただけることを、心から願っています。

人間は1人で生きていくことはできません。

人は生きている以上、誰かの世話になり、誰かの役に立っています。

特に、人々に対して害がないように生きる心がけがあると、人類社会への役割は大きくなります。

人が感じる喜びは、人類社会の一員であるからこそ得られるものです。

人の活動によってつくられたものに巡り合い、人生が快適になると喜びを感じたり、逆に、自分の活動が人々の役に立つことで喜びを感じたりするのです。

自分を含めた人類や動物、そして、植物や品物、さらに、職場の会社に対して「ありがとうございます」の感謝と謙虚の気持ちで生きると自己の運気は上昇し、喜びを感じる機会は増えます。

人間関係を含めた人生をよりよくするには、自分が持つ気質と気力を高めることが必要なことです。

あなたなら、できるはずです！

人生は、気が「類は友を呼ぶ」ように引き寄せ合って、めぐり逢う運気によって変化します。

運気を上昇させ、自分の気質と気力を高めることに比例して、人生は上昇するものです。

山下悦史

著者略歴

山下　悦史（やました　よしふみ）

気学、気功、姓名学、神霊学、易学、家相、経営学、武道を学び、独自の研究にて運気行動学を確立し、人を幸せにする研究に励む。
ホームページ　qualityplant.co.jp
クオリティープラント 検索
（運気行動学については、ホームページにてお知らせしています）

つらい思いにさようなら！　会社での居場所のつくり方
ー「気」で生み出す、気持ちのいい職場環境

2024年4月8日 初版発行

著　者　山下　悦史　

発行人　森　　忠順

発行所　株式会社 セルバ出版
〒113-0034
東京都文京区湯島1丁目12番6号 高関ビル5B
☎ 03（5812）1178　　FAX 03（5812）1188
http://www.seluba.co.jp/

発　売　株式会社 三省堂書店／創英社
〒101-0051
東京都千代田区神田神保町1丁目1番地
☎ 03（3291）2295　　FAX 03（3292）7687

印刷・製本　株式会社　丸井工文社

ISBN978-4-86367-883-5